王蒙谈文化自信

人民出版社

2017 年 10 月 23 日，王蒙在北京平谷区玻璃台长城留影。　胡军 / 摄影

2010 年 9 月 24 日，王蒙在哈佛大学对话美国著名汉学家、原远东和太平洋研究中心主任傅高义（右一）。　彭世团／摄影

2016 年 12 月，王蒙与马林斯基剧院艺术总监、国际指挥大师瓦莱里·捷杰耶夫（左一）亲切会面。　张彬／摄影

2015 年 11 月，土耳其安卡拉，在库尔班江《我从新疆来——丝绸之路上的珍珠》土文版发布会上，王蒙与当地学者交谈。右一为库尔班江。　彭世团／摄影

2012 年 4 月 16 日，王蒙在伦敦书展中国主宾国活动中与英国作家玛格丽特·德拉布尔对谈。　彭世团／摄影

2017 年 4 月 9 日，王蒙在巴蜀讲坛暨经典艺术名家讲坛作主题为"永远的阅读"的演讲。 陈历谋 / 摄影

2010 年 6 月 30 日，王蒙在山东省图书馆与齐鲁晚报联合创办的"大众讲坛"作演讲。 彭世团 / 摄影

2015 年 10 月，王蒙在颐和园昆明湖畔留影。　单三娅／摄影

　　2017 年 11 月，王蒙应邀访问日本，向创价学会原田稔会长赠送线装书《宋本大学章句》。　张彬／摄影

1957 年底，王蒙受批判三天后拍摄的照片。小棉袄背在肩上，一脸的光明与潇洒，用王蒙自己的话说，"整个青年时代，我没有再照出过这样帅气的照片"。

目　　录

一、综　论

旧邦维新的文化自信[*]

文化自信：有底气的文化纲略

党的十八大以来，习近平同志提出了一系列关于文化建设的纲领性、战略性命题，尤其是文化自信的提出，具有极大的重要性与启示性，体现了理论坚定与文化勇气，需要我们更多地学习与探讨、发掘与切磋，需要我们沿着这个思路有所回顾，有所总结，有所分析，有所展开。

毛泽东同志早就提出："随着经济建设的高潮的到来，不可避免地将要出现一个文化建设的高潮。中国人被人认为不文明的时代已经过去了，我们将以一个具有高度文化的民族出现于世界。"邓小平同志也强调：物质文明建设与精神文明建设"两手抓，两手都要硬"。现在，随着中国的经济发展与面貌

---

* 本文原载 2017 年 8 月 15 日的《人民日报》。

2013 年 11 月 7 日，在安徽蚌埠领导干部大讲堂讲《传统文化中的几个问题》。

一新，随着实现中华民族伟大复兴的中国梦日益成为现实，也随着人们的文化饥渴与精神急需，迫切需要中华文化焕发出新的生命力，实现更大的繁荣昌盛、转化发展，实现国家民族人民精神资源的最大化，使我们的文化事业取得与中国的国力、历史与国际地位更相称的创造与成绩。

随着以文化复兴助推民族复兴的方针的确立，以文化支撑国家民族强盛的思想的引领，制度为本、传统为根、价值为魂的逻辑阐述，一系列文化建设的理论与实践课题摆在我们面前。我们越来越体会到经济富裕的可望可攀、国防强大的可喜可期，而文化的昌明进步、成果丰硕、可亲可敬、可感可泣、直达人心，更是令有识之士壮心不已。

中华民族玉汝于成，检验了中华文化的有效性

何谓文化？广义地说，文化就是人化，是人类的创造、经验、成果积累的总和，而非自然原生态。文化说大也大，说小也小，小到看不见摸不着，大到无时无刻、无处不有。人类带来的一切物质与精神成果，都是文化。我们关切的一切，包括科学技术的发展、全面小康的实现、世道人心的优化、产品质量的完美、国际形象的塑造，无不期待着文化的培育与充实。马克思认为文化是"自然的人化"和"人的本质力量对象化"。中国传统的说法是"以文化人"，强调圣人以其先知先

觉所言所行教化百姓，为民立极。毛泽东强调的是卑贱者最聪明，高贵者最愚蠢，"人民，只有人民，才是创造世界历史的动力"。

文化的价值在于它的有效性，即一种文化能够吸引凝聚人民，被长期广泛接受，并为接受此种文化的群体与个体提供更好的生活质量，提供更好的人与社会关系，提供人类和平与进步的前景，提供发展的成果与动力；同时又能提供逢凶化吉、遇难成祥的应变、纠错与自我更新能力。中华文化历久弥新，百折不挠，艰难困苦，玉汝于成。珍惜与自信这样一个文化传统，对中国、对世界，对今天与未来都有巨大的意义。

我们说"文化是民族的血脉，是人民的精神家园"，是因为中华文化从思想方法到日常生活，无所不包。同时它的基本精神、基本价值认同与思想方法、生活方式、风度韵味又是相当恒久的，自成体系的，经得起考验的。有过这样的事情，一位中国学者在境外大讲中华文化博大精深，外国听众请他讲讲如何博大精深法，我们的教授则以"因为博大精深所以不可说"而最终没说出所以然。这样的做法恐怕是不行的。因为博大，它有恒久的精神、思路、风度与发展空间。中华文化忠奸分野的观念，德才兼备以德为先的观念，沧桑盛衰聚散有常的观念，得民心得天下的观念，以及善有善报、和为贵、多行不义必自毙的信念等至今活在中国人民的心里。近百年来中国经受了前所未有的历史风雨，终能做出正确抉择，取得一个又一个令世界瞩目的可贵进展，往往是由于中华传统文化在其中起着深层作用。当然，传统文化曾经由于它落后于时代的种种"罪状"拖过前进的后腿，严重地苦恼过我们，最终却证明了它完全可以与时俱进，发展转化，帮助也护佑中华民族知难而进，迎头赶上。

应该看到，古老中华是以文化立国的。可能我们是太认定自己文化的优胜性了，我们并不过分着眼于族裔之分与强力之用。同时，我们的文化富有此岸性、积极性、精英性、美善性与亲民性，我们追求的是自强不息、厚德载物、经世致用。因此之故，在最危难的际遇下，我们没有失陷于虚无主义、神秘主义、消极颓废、悲观厌世。

中华文化为政以德、修齐治平思想，性善论、天良论、良知良能论思想，形成了一种循环认同，具有从一而定、定之于一、一以贯之的特色。"道之以政，齐之以刑"不若"道之以德，齐之以礼"的思想与"圣人无常心，以百姓之心为心"的思想，使天命、人性、民心、道德、礼义、王道、仁政、世道串联合一，乃是文化立国同时并不否定权与法、兵与政作用的纲领宣示。"修身齐家治国平天下"互为因果的说法，说明中华文化把政治、哲学、道德伦理、终极信仰、唯物与唯心全部打通。个人与群体、家与国、天与人、慎终追远与薪尽火传、自强不息与无可无不可、一的一切与一切的一、变与不变、混沌与清明……所有这些"浑一"，精神自足，颠扑不破。

中华文化更是早就认识到了过犹不及，不为已甚，物极必反，否极泰来，飘风不终朝、骤雨不终日的法则，这也正是自信法则，它同时进一步定下了反对极端、分裂、恐怖的中庸理性基调。中华文化一方面强调"杀身成仁""舍生取义""知其不可而为之"，同时又强调"以柔克刚""穷则变，变则通，通则久"，民间的说法则是"识时务者为俊杰"，即是审时度势、灵活应变、善用谋略，给人以足够的适应能力与选择空间。

中华文化的这些基本观念，恰恰就体现了"自信"二字，是对道德与礼法的自信；是对人性、人心、人文、人道的自信；是对天道、天命、天地、民心即天心的自信；也正是古代中华传承至今，饱经风雨雷电，虽乃旧邦、其命维新的自信。自古而今，我们与野蛮自信、愚昧自信、暴力自信、迷信自信、金钱自信、神权自信、种姓自信等等进行过斗争，最终，我们选择了文化自信！

中华风度令人迷醉，是我们眷恋的精神家园

中华艺文提倡"道法自然""造化为师""天地有大美而不言"，讲究风骨、气韵、境界、器识，并将这些美学原则寄托于生活领域的各个方面。中华文化还得益于汉语汉字的形象

性、综合性与浑一性，有它特殊的感染力、表情性与微妙性。中原文化的优胜与各兄弟民族文化的多元，推动中华文化不断扩容、融和出新、绵延不绝。

中华文化形成了中华风度。"富贵不能淫，贫贱不能移，威武不能屈"的大丈夫气概，"己所不欲，勿施于人"的相处之道，"为天地立心，为生民立命，为往圣继绝学，为万世开太平"的使命担当，高瞻远瞩，凛然大义，塑造了一代代中华民族脊梁。与此同时，中华精英也有自己独特的生活方式，"穷则独善其身，达则兼济天下""邦有道则知，邦无道则愚"，动静咸宜，刚柔相济，儒道互补，乐山乐水，阴阳五行，琴棋书画，诗书礼乐，入山出山，方圆内外，大智大勇，素心内敛，进退有道，道通为一。

还有中华诗词、中华书画、中华戏曲、中华故事、中华园林、中华功夫、中华烹调、中华工艺、中华文物、中华医疗养生……这些祖宗留下的文化瑰宝，乐生惜生，代代相传，共同延续着中华价值观和中华智美，也为当代生活带来快乐，带来趣味。它们是中国人赖以安身立命的氛围与自珍自赏的美好心愿的对象化、具体化，也是中华文化与世界对话的特有媒介。中华文化为世界文化的丰富贡献了重要一极，它的魅力令人迷醉。

有一年笔者在河南开封清明上河园的晚会上，听到合唱曲以辛弃疾的《青玉案·元夕》为歌词："东风夜放花千树。更吹落，星如雨。宝马雕车香满路。凤箫声动，玉壶光转，一夜鱼龙舞。"在那样的场合，想起历史上有过的繁荣与美好，感动得热泪盈眶。笔者著文称："哪怕仅仅为了欣赏辛弃疾的诗词，下一辈子，下下辈子，仍然要做中国人。"此话引来不少读者共鸣，说读得涕泪交加，此之谓"精神家园"是也。

反省、革新与开放，正是传统文化生命力所在

"周虽旧邦，其命维新"，这样的诗句端庄诚挚、循旧图新。中华文化是历史悠久的文化，也是饱经忧患的文化。我们经历了辉煌与艰难、停滞与突破、困惑与焦虑、危机与转机、纷纭与沉淀。尤其是中晚清以降，古老的中华遭遇了日新月异的西方工业文明，受到了严重的挑战与欺辱，付出了沉重的代价，也获得了醍醐灌顶的洗礼，终于由中国共产党带领人民找到了快速发展、通向现代化，同时符合国情、维护传统的中国特色社会主义的道路。

是的，中华传统文化也有明显的不足、短板。不管多么好的文化传统，都怕陈陈相因。文化的多重性与复杂性使当下某些文化人对"文化自信"的提法感到困惑。他们非常了解历史上中国文人老生常谈的可悲。"鲁叟谈五经，白发死章句。问以经济策，茫如坠烟雾。"李白讽刺的读死书无用文人不在少数；"寻章摘句老雕虫……文章何处哭秋风？"李贺也为呆

板的学风感到悲哀。原地踏步就必然会出现老化、僵化、酱缸化腐变，早在唐代，天才诗人们已经痛感到这个问题。元明以后，中国势头明显不济。到清代《红楼梦》中记载的荣宁二府的状况，暴露了其时中华主流文化已经捉襟见肘，难以应对多方危难。可以说《红楼梦》正是中华封建社会走向没落、孔孟主流文化出现危机的一个缩影。而到了1840年的鸦片战争，面对列强，中华文化出现了全面深重的焦虑感与危机感。清末民初的文化大家王国维自沉，启蒙思想家严复也终入保皇一党，吸食鸦片而死，显现了文化危机的严重性。除了更新、革命、天翻地覆慨而慷，中华文化几乎已经无路可走，这才有了新文化运动对中华传统文化的反思与批判，与各种境外思潮特别是马克思主义的引进。只有不可救药的糊涂人才会在强调继承弘扬传统的时候反过来否定革命与新文化运动的狂飙突进。

新中国成立以后，新潮涌动，百废待兴，我们的文化生活仍然经历了曲折与艰难。终于在今天，我们获得了重提文化自信、继承弘扬优秀传统文化、实现转化与发展的空前历史机遇。

我们背靠的传统，曾经被激烈地批判和反思。那么，我们为什么还要强调以它为基础的文化自信？

这是因为，我们今天所说的中华传统文化，是一个庞大的体系，既有孔孟提出后被官方提倡的修齐治平、忠勇仁义；也有替天行道、造反有理，"舍得一身剐，敢把皇帝拉下马"的激越拼搏；还有"天之道，损有余而补不足；人之道则不然，损不足以奉有余"的对阶级剥削压迫的指责。而这后者，正是马克思主义能够在中国的山沟里成长壮大起来的理据。

我们更有新文化运动时以鲁迅为代表的反思批判文化，那是知耻近乎勇的传统，是海纳百川的传统，是苟日新、日日新、又日新的传统。

也正是五四运动与20世纪中国志士与人民的呼风唤雨、倒海移山，表现了中华文化"喑呜则山岳崩颓，叱咤则风云变色"雷霆万钧的革命性一面，使中华传统文化经受了置之死地而后生的激扬历练，使中华传统文化得以挽救，得以激活。

还有以井冈山、长征、延安为代表的革命文化传统，也是浸润着中国传统文化发展起来的。毛泽东思想是马克思主义普遍真理与中国革命具体实际结合的产物，这个中国革命的具体实际，就包含着中华传统文化的许多方面。比如毛泽东提出的为人民服务、实事求是、愚公移山、以少胜多、出奇制胜、统一战线、批评与自我批评、支部建在连上，一直到"深挖洞、广积粮、不称霸"，无不闪耀着传统文化的光辉。

我们还有以邓小平为代表的改革开放、通向社会主义现代化的正在完善成熟起来的传统：面向现代化、面向世界、面向未来，全面准确理解毛泽东思想，实践是检验真理的唯一标准，发展才是硬道理，摸着石头过河，一国两制……这些思想都带有中华文化特色的智慧与品质，是将中国带进全新的历史时期的精神指南。

百多年来，尤其是改革开放 30 多年来，中国各界优秀人士、文化精英与广大民众，前仆后继，以极大的紧迫感奋斗图强，力求补上科学技术、大工业制造、国防自卫、市场经济、民主法制、改革开放的课，追上全面现代化、全面小康、全面富国富民的世界步伐。这种不甘落后的奋斗热潮也使中华传统文化有了勃勃进取的空前扩容和发展创新。

中华文化的生命力不仅在于它的古色古香、奇葩异彩、自成经纬，更在于它生生不息的活力，它的反思能力，它在多灾多难中锻炼出来的应变调适能力，它的见贤思齐见不贤而内自省精神，它的水滴石穿的坚韧性，它的接纳与深思的求变精神，还有它屡败屡战、永不言败、"士不可以不弘毅，任重而道远"精神。

敢于从善如流，敢于走自己的路

有人问，百年来，衣食住行、生产生活、科学技术、名词观念，我们吸取了那么多外来文化，中国人是不是已经"他信"胜过"自信"了呢？

文化不是物资也不是货币，它是智慧更是品质，是精神能力也是精神定力，它不是花一个少一个，而是越用越发达，越用越有生命力，越用越本土化、时代化、大众化。它有坚守的一面，更有学习发展进步的一面，学习是选择、汲取与消化，不是照搬和全盘接受，"学而不思则罔，思而不学则殆"，谁学到手就为谁所用，也就归谁所有，旧有体系就必然随之调整变化，日益得心应手。

文化也不是垄断性山寨性的土特产，它既有地域性，更有超越性与普适性。任何一种文化都无须追求来源的单一、唯一、纯粹。如果用产地定义文化传统与文化内涵，国人吃的小麦、玉米、菠菜、土豆……最初都是舶来品，连中餐都不是绝对的"中"了。再看日本，先学中国，后学欧美，已经大大发展了日本文化。美国更是移民国家，文化土产有限，但绝不能说美国没有自己的文化。他山之石可以攻玉，古为今用、洋为中用，这样的态度正是中华文化历久不衰的原因所在。

20世纪七八十年代，当时各社会主义国家都掀起改革浪潮，但是那些了解中国的西方政要和学者，如撒切尔夫人、布热津斯基等，唯独看好中国的改革；未来学家阿尔文·托夫勒更是直言：中国可以实现跨越，"我相信中国正在向着成为21世纪第一流的国家稳步前进"。他们赞赏中国文化独特的包容与应变康复能力。他们从以邓小平为代表的中国领导人身上，看到了坚韧灵活，看到了既独立又开放，善于以退为进、转败为胜。果然，中国的改革开放没有走苏联和东欧国家的亡党亡国之路，没有辜负革命的先辈与国人的希望，也没有辜负国际人士的高看，取得了举世瞩目的成就。我们自己就更没有理由反过来嘲笑我们百余年来东奔西闯、披肝沥胆、改革开放、旧邦维新、发展变化的大手笔了！

文化一经吸收采用，必然与本土文化结合。马克思主义到了中国，发展成为毛泽东思想、邓小平理论、"三个代表"重要思想、科学发展观、习近平治国理政新理念新思想新战略，它们当然是中华文化而不可能是什么其他文化。孔子早就明白："三人行，必有我师""十室之邑，必有忠信"，甚至孔子宣告，他与伯夷、叔齐、柳下惠、少连等不同，叫做"我则异于是，无可无不可"，而孟子干脆明确孔子是"集大成"者，是"圣之时者"，说明圣者也要追求现代化、当代化。

我们主张文化自信，不是说只有中华文化是优秀的。《礼记》早就告诉我们："学然后知不足。"《尚书》的说法是："满招损，谦受益，时乃天道。"我们从不认为自身足够完满。我们对全球各国各地的文化必须是"各美其美，美人之美，美美与共，天下大同"。但我们必须重视、珍惜中华文化长久而又丰富的历史存在，重视它为我们当代快速发展所奠定的基础。越是经济全球化，越是西欧、北美取得了人类文化某些优势甚至主流地位，我们越要加倍珍惜自己的文化成果，越要思考为何或异其趣的中华文化对人类发展的参照作用越来越大。我常说，拒绝现代化，就是自绝于地球；而拒绝传统，就是自绝于中华本土，自绝于中国国情，自绝于中国人民，自绝于更有作为的可能。

是传统的复兴，又是全新的开辟

强调文化自信，我们不应忘记，中国目前兴起的"传统文化热"，不是汉唐明清人在讲文化自信，而是 21 世纪中华人民共和国人民讲文化自信；不是孔孟，也不是秦皇、汉武、康熙、光绪讲文化自信，而是中国共产党人讲文化自信；不是在甲午海战、北洋水师全军覆没或者庚子事变、慈禧太后西逃时的胡言乱语，而是在历尽艰难、中国终于成为世界第二大经济体、成为世界经济发展引擎、致力于全面建成小康社会、提出"一带一路"倡议的新形势下的坚定认知。我们的文化自信，包括了对自己文化更新转化、对外来文化吸收消化的能力，包括了适应全球化大势、进行最佳选择与为我所用、不忘初心又谋求发展的能力。我们的文化传统是活的传统，是与现代世界接轨的传统，是以天下为己任的传统，是历久弥新、不信邪、敢走自己的路的传统。我们绝不妄自尊大，更无需自我较劲、妄自菲薄。

还有一种说法，认为文化是有机整体，所以取其精华去其糟粕是难以做到的。这种说法不无道理，但却过于悲观。毛泽东同志强调对传统文化要剔除其封建性的糟粕，吸收其民主性的精华，习近平同志多次强调传统文化的创造性转化与创新性发展。那么，如何判断传统文化中的精华和糟粕？要点有三：一看是否有利于人的发展、社会的发展；二看是否有利于社会和谐稳定；三看是否符合人类文明共识。例如"二十四孝"，在今天绝对不可以不加区别地宣扬，"埋儿奉母"，发生在今天不是"孝"，而是刑事犯罪。除了这些明显的封建糟粕，还有一些借传统文化热而借尸还魂的落后的习惯和意识，这些都应被我们视为糟粕而加以摒弃。

近百余年来，中国志士仁人无日不在为使传统走出窠臼而苦斗，中国共产党人也一直在探索一条以传统为基石、以中华复兴为目标的道路。"一带一路"倡议的提出，既是传统的复兴，又是全新的开辟。这就叫继承弘扬，同时这就叫创新发展。

文化建设有它的复杂性、细致性与长期性，不能简单化、片面化，更不能急躁突进。现在我们还存在着将传统文化的弘扬形式化、皮毛化、消费化、口号化、表演化、煽情化、卖点化、圈地化、抢滩化的苗头。在文化自信问题上，传统与现代、普及与提高、学习与消化、叹赏与扬弃、继承与发展，须相得益彰、互补互证、不可偏废。我们期待的是更多的针对文化课题的认真分析、讨论、推敲，期待从家庭教育、学校教育、社会教育等各个方面入手，把文化自信与提高我们的文化学养结合起来。

我希望当今有识之士共议文化，弄清中华传统文化世界观、人生观、价值观的基本思路与基本取向，弄通中华智慧与中华谋略的特色，打通传统文化与五四新文化，与马克思主义、毛泽东思想、邓小平理论、"三个代表"重要思想、科学发展观、习近平治国理政思想的关系，还要结合实际工作，结合教育事业，更上一层楼，提升我们的文化事业与文化生活水准，提升我们的理论思考分析辨别能力，使我们的文化生产、文化消费、文化积淀、文化品格、文化精神不但得到推动与鼓舞，更得到丰富与提升，从而让我们文质彬彬，从容自信！

文化复兴的历史机遇[*]

改革开放以来经济生活迅猛发展，中国特色社会主义现代化事业成功推进，小康全面追求，国际地位大大提高，文化自信增强与文化视野开拓，所有这些，提供了中华文化伟大复兴前所未有的历史机遇。而文化内涵与文化生活的扩容与嬗变，带来某些新的困惑与歧义，也迫切地要求胸有成竹地应对与发展。

中华文化的历史命运

习近平同志说："中华民族伟大复兴需要以中华文化发展繁荣为条件。"

长期以来，中华文化的古老与丰富，"郁郁乎文哉"的繁

---

* 本文写作于 2016 年 9 月。

荣与气概，是中华民族的骄傲，是我们的立国之本。近一二百年的挫折，不但有落后挨打、丧权辱国，割地赔款的屈辱，其创剧痛深之处尤在于前所未有地动摇了中华民族的文化自信与文化尊严的国本，使国人面对"数千年未有之大变局"（李鸿章语）而失魂落魄。危机与焦虑，成为几代华人尤其是学人文化人的心态，例如王国维、严复、容闳的命运。

革命思潮从而兴起，如火如荼。孙中山大声疾呼推翻帝制，五四运动与马克思主义引进，掀起"庶民"（李大钊语）革命高潮，也掀起新文化运动高潮。正是新文化运动，挽救、激活了曾经宏伟却又举步维艰的传统文化。人民革命的胜利，宣告了马克思主义的中国化、世界先进文化的中国化，更表现了中华文化自我调整、自我更新、迎头赶上、穷则变、变则通、通则久，生机重获的能力。一切将革命文化、新文化与传统文化截然对立起来的观点都是肤浅与谬误的。

毛泽东思想结合了马克思主义与中国革命具体实践，体现了马克思主义与中华传统文化精华的接轨。看看 20 世纪四五十年代毛主席等老一辈革命家的宣告："随着经济建设的高潮的到来，不可避免地将要出现一个文化建设的高潮。中国人被人认为不文明的时代已经过去了，我们将以一个具有高度文化的民族出现于世界。"中国共产党人的文化豪情感天动地。

经过曲折奋斗历程，十一届三中全会以来改革开放与发展的伟大篇章，提高了中国国际地位，大大增加了文化自信与文

1965 年初，王蒙在伊犁。

1979 年，王蒙在四次文代会上。

化尊严。同时我们要保持清醒：这是因为，我们的文化与这种文化哺育的人民的生活质量、文明程度、价值吸引力与凝聚力，还有差距；我们的文化软实力还大有提升拓展丰富的空间。

传统文化与现代化的对接

中华文化化育着生活，规范着社会，同时提供了高端理想。"世界大同"，是中华传统文化中早已出现的原始共产主义萌芽；"无为而治"，老子与孔子的这一共同命题，通向着马恩关于国家机器消亡的设想。现代中国选择马克思主义绝非偶然。中华传统文化的瑰宝在于它的文化理想与道德理想，在于它的大同思想与整体主义，在于即使在长期封建王朝条件下，仍然存在着勇敢忠贞的文化监督与道德监督，例如规谏制度。

中华文化的优胜还在于它的务实性与此岸性，在于它的自强不息，苟日新、日日新、又日新，与时俱化与时俱进的变易与发展特色。

上个世纪后期，社会主义国家纷纷进行改革，但西方一些政要，如英国首相撒切尔夫人与美国国家安全顾问布热津斯基，都看好中国的改革，这不是偶然的，他们明确指出原因在于中国有着独特的文化。

正如习近平同志所说，"中国人看待世界、看待社会、看待人生，有自己独特的价值体系。中国人独特而悠久的精神世界，让中国人具有很强的民族自信心，也培育了以爱国主义为核心的民族精神。"

同时，中华文化有过的、而且不能说至今已经全无忧患的危殆经验也令人深思：它长期在地缘区域内一枝独秀，缺少与不同文化交流碰撞中的突破与飞跃。在欧洲文艺复兴与产业革命发生后，中华文明的弱势开始出现，一旦遭遇异质强势文化，容易出现或非理性的过激排外、或对自身的全盘否定、或对外来文化的简单照搬。再优秀的文化怕的是停滞老化、断裂崩塌。晚清面对列强，进退失据，一筹莫展，它的教训我们没齿难忘。所以习近平同志提出，要对中华传统文化"创造性转化，创新性发展"。转化和发展什么？就是实现中华传统文化与现代文明的对接，实现中华文化对 21 世纪科学技术新成就的学习吸纳，实现中华传统道德理想、文化理想与现代民主、法制、理性、文明追求的对接，尤其是实现中华文化的进一步现代化与马克思主义的进一步中国化、时代化、大众化。

社会主义核心价值观的文化意义

社会主义核心价值观的概括，已经看出传统与现代文明对接的追求与成果，看出近一二百年中华文化的前进足迹，富强、民主、文明、和谐，自由、平等、公正、法治，爱国、敬业、诚信、友善，继承了民本、尚和、仁爱、重义的传统，也获得于狂飙突进的新文化运动所提倡的德先生、赛先生、爱国主义、社会主义，同时凝结了邓小平理论的改革、开放、发展理念。对此我们需要有更深刻的钻研与领会。

习近平同志强调，把培育和践行社会主义核心价值观作为凝魂聚气、强基固本的基础工程。

因为，其一，所谓"核心价值"，是从我们传统文化最强大的基因中生长出来的。广大人民心中，长久以来保存着深厚的辨认是与非、善与恶、忠与奸、清与贪、仁与不仁、诚与伪、美与丑的愿望与尺度。人心可用，传统可取，传统文化弘扬得好，大大有利于价值观教育的实效，也正是对于世道人心的"凝魂聚气、强基固本"。

其二，所谓"核心价值"，包含了我们先贤的美好愿景，包含了从孔夫子到孙中山一切志士仁人的奋斗理想，体现了中国共产党人领导广大人民进行革命斗争的根本诉求，即实现伟大民族复兴包括文艺复兴的中国梦。

其三，所谓"核心价值"，是中国特色社会主义现代化的实践成果标志。其文化意义在于，它是中华民族的，是社会主义中国的，也是现代的、世界的，它是理想的，也是务实的。以社会主义核心价值为圭臬的中国人民，将为世界的和平进步与人类幸福做出更大的贡献，同时保持并弘扬中华历史传统特色与精华。

其四，所谓"核心价值"，它的最根本依据在于与人民的幸福追求、正义维护、发展信心、上进愿望融为一体，它的实现，应该是生活化、接地气的，即成为每个公民尤其是每个青年自身发展、价值实现与美好人生的根本保证。核心价值来自人民的切身利益与愿望。

文化思潮、文化生态的引领与整合

党的十八大报告指出："我们一定要坚持社会主义先进文化前进方向，树立高度的文化自觉和文化自信，向着建设社会主义文化强国宏伟目标阔步前进。"

值得研究的课题在于，我们这样一个古老与巨大的国家，在迅速发展的历史过程中，面对着多样的文化思潮与文化生态，面对着某些文化"乱象"，我们应该善于进行引领取舍。

首先是几千年来的传统文化，尤其是道德文化与哲学文化，仍然有着独具的生命力，有着民心民意的基础，但也混杂着封建糟粕与某些前现代的愚昧。

其次是百年以来的革命文化，它以马克思主义、毛泽东思想为指导，以艰苦奋斗、英勇献身、联系群众、团结守纪的党风政风民风为标志，以井冈山、长征、延安精神为代表，至今有着强大示范作用。同时我们面临着工作重点转移、长期执政与新形势下质疑乃至否定革命思潮的挑战与考验。

第三是五四以来，特别是改革开放以来所注重汲取的现代文化，包括先进生产力的获得与管理、先进的科学技术与文化教育模式、公共管理与商务管理、市场经济、社会职能、竞争驱动、激励机制，还有人权、民主、法治、自由观念等等，或可称为能够为建设中国特色社会主义所用的现代文化，其中却也混杂着某些唐突西化的理念。

第四，还要看到随着经济社会的发展，带来文化生态的细化与多样性。例如以主流意识形态为主导为目标的主流文化，以多媒体与新媒体为依托的大众信息文化，以市场需求为主导的消费、娱乐、休闲文化，以学术专业、国际尖端、历史传承为着眼点的精英文化，还有民俗文化、兄弟民族文化、地域文化、宗教文化、旅游文化、考古文化、宗教文化等等。

值得重视的是多媒体与新媒体带来的传媒文化，它推动了文化民主与信息普及，推动了受众参与及社会氛围的和谐欢乐，同时带来了浅薄与庸俗，即文化的非高峰化、"娱记"化。

我们的忧患在于文化的片面化、分裂化与极端化。例如现在还鼓吹"半部《论语》治天下"，还认为是革命破坏了中华文化。这样的人应该读读《红楼梦》《金瓶梅》《儒林外史》，中国的文化停滞危殆远在明朝已经露出了端倪，正是中国文化的危机与社会危机才引起了革命，正是革命才创造了中华文化的复兴契机，而绝不可以说是革命造成了文化危机。

同样，把社会风气的所谓恶化看成改革开放后果的所谓"撕裂"理论，也是有害与浅薄的蛊惑。没有改革开放哪儿来的初步小康？哪儿来的社会主义文化的自信与尊严？"贫穷不是社会主义"！而把中国的出路寄托于西化，否定传统、否定革命，更是幼稚与廉价。

我们的希望在于发挥古老的中华文化智慧，总结建党建国的百年经验，珍惜得来不易的多方成果，实现以革命文化为引领、以中华传统文化为资源、以现代文明元素为驱动，发展与提升大众文化，并以高端文化成果为指标的文化整合、文化创新，这样，才有文化的"郁郁乎"景象。

我们还需要正视向全面小康进军时期文化生态的丰富性、多样性、复杂性与它们包含的生机与危机。细心调查研究，妥善引领提高，有所包容倾听，有所管理规范，和而不同，高而不寡，活而不乱，保持文化生态的健康、活力与平衡。

文化的多样性与某些歧义的表现，发出了警示也提供了宝贵机遇。中国这样的快速发展的文化大国，需要更大的精神空间与选择天地，应有更得心应手的疏导、切磋、砥砺与精神层面的争鸣、互补、求同。我们要善于引领这样的文化新常态。

复兴的标志在于创新成果与人才阵容

文化复兴是民族复兴的一部分，文化的发展推动着、支持着、丰富着也调节着中华民族的和平发展。

例如，我们已经越来越强调创新的重要性了，这是一个经济发展与社会前进的历史课题，同时是一个文化课题。民族的复兴离不开人民精神品质的优化、精神能力的活跃与发达。只有一个文化势头良好的民族，才能有创造、有出息，有对于人类的较大贡献。

创新成就离不开全民的尤其是文化人才的涌现，离不开教育兴旺、文化蓬勃、个性发育、民主弘扬、知识积淀、思想解放、包容大度、取精用宏与活跃有序的文化氛围。

文化建设既是密切关注时代特色的，又是相对恒久的。例如大陆与港澳台，在社会制度、政治体制、意识形态上几十年来拉开的距离很大，但语言文字、民俗节日、衣食住行、文化心态、思想方法、价值选择上贴近与相似的地方仍然极多，其文化的共同性任何人都无法视而不见。

我们还需要海纳百川、拓宽视野，汲取四海精华、五洲创意，特别是借鉴与鼓励包括港澳台在内的各地各族群文化成果与文化经验。

习近平同志多次强调建设文化强国的重要性。强在哪里？首先是强在文化果实与文化阵容上，强在我们的文化人才上。创造中华文化新的辉煌，坚守我们的核心价值体系和核心价值观，弘扬主旋律，传播正能量，提高国家文化软实力、牢牢掌握意识形态工作领导权和话语权，这些都需要以人民为中心，同时需要拥有更加强大的文化阵容。

文化果实的特点首先在于质地，然后才是数量。我们应该特别珍惜文化人才、高端果实、创新精神。谈传统文化，不能不回顾孔、孟、老、庄、屈原、司马迁、鲁班、张衡、祖冲之、沈括、李白、杜甫、苏轼、辛弃疾、曹雪芹、施耐庵。而说到1949年中华人民共和国的成立，我们也会时时想起诸多贤达学者作家艺术家万方来仪的盛况。

理所当然，我们更关注的是今天的文化人才阵容。

考虑到文化积淀的长久性、稳定性、学术性、智慧性、创造性与精神品质性，考虑到"东海西海，心理攸同；南学北学，道术未裂"（钱钟书语）这一面，以及努力掌握主动权、导向不能丢、阵地不能丢的另一面，我们更需要有自己的文化大家，有自己的人文文化人物荣衔与国家奖励体系。我们须通过实际操作，更多地体现与突出我们的文化自信、文化尊严、文化格局、文化阵容。

繁荣的概念是一个民主的概念、人民性的概念，又是一个高端的、精英性与创造性的概念，是一个由阵容与产品说话的概念。我们应该培育文化上埋头耕耘的工匠，推出难以否认的学术成色，推崇历久不衰的大师风范。我们期待的是方向正确、惠及全面、具有高大上内涵的文化进展。

懂中国懂世界，讲好中国故事

现代化新情势的特点之一是，虽有歧义但难以阻挡的全球

2006 年 12 月 12 日，王蒙受到倡导"不同文明间对话"的伊朗前总统哈塔米接见。

1984 年在莫斯科地铁上，王蒙与知名汉学家艾德林交谈。

化；而全球化的冲击更加提醒与激励我们保护与弘扬民族特色与人类文化的多样性。习近平同志指出，一要维护世界文明多样性，二要尊重各国各民族文明，三要正确进行文明学习借鉴，四要科学对待文化传统。这是我们的对外文化行为的原则，也是本国文化建设的重要原则，还是向世界讲好中国故事中国精神的原则。

讲好中国故事同样需要自信，需要勇敢直率地面向世界、面向实际，不回避、不心虚，一是一、二是二，开诚布公。中国就是中国，社会主义就是社会主义，进展就是进展，困难就是困难，共同就是共同，特色就是特色，没什么可含糊的。讲传统要与社会主义现代化对接，讲发展要与中国传统文化与革命文化的自强不息、百折不挠精神对接，讲效率要与全球化的机遇及中国式的艰苦奋斗、从善如流精神对接，讲改革开放要与中国式的兼收并蓄、见贤思齐、见不贤而内自省、尊重他人、和而不同、批评与自我批评对接。我们还要强调我们的百家争鸣、百花齐放的学术民主、艺术民主，以及去粗取精、去伪存真的选择定力。

讲好中国故事，还需要懂中国、懂世界。身为中国人，懂中国是天经地义的，但却不是与生俱来的，我们同样面临着向自己的传统、自己的文化学习与倾听生活实践的交响的任务。作为当代人，我们还必须懂世界、爱交流、善沟通。

中国的发展与更美好的未来已经不仅仅是理想，而且是正在不断实现的景象。我们的文化复兴大有希望。具有几千年文明史、一百多年的救亡史与革命史、六十余年的社会主义建设史与三十余年的改革开放史的中华文化，资源深厚、经验丰富、道路宽广，面临着前所未有的历史机遇。

二、历史的经验与责任

文化自信的历史经验与责任

习近平总书记指出："我们要坚持道路自信、理论自信、制度自信，最根本的还有一个文化自信。""文化自信，是更基础、更广泛、更深厚的自信。"

文化自信为什么是最根本的自信？我们现在又需要一种什么样的文化自信呢？

中国自古以文化立国

不自信，无以立国。对于中华民族来说，自信，首先来自于我们有一份独特而丰厚的文化传统。

中华文化的特色是尚文。有很长一段时间，中华民族是一个有着无比文化自信的民族。文化是立国之本，古代圣贤重视

＊ 本文原载 2016 年 9 月 22 日的《光明日报》。

的是文化的高明，是仁政，是弘扬人的善性从而靠拢与把握天道的天人合一。孔子在蔡地遇到危难，说是"天之未丧斯文也，匡人其如予何"，在危难之际，他想着自己的使命是斯文济世、天下归仁。孔子说，"周监于二代，郁郁乎文哉"，他称颂周代继承了夏商两个时期的文明礼制，主张继承周礼。他还称赞管仲："微管仲，吾其被发左衽矣"，他注重的是文化守护与传承。

北方游牧民族入主中原后，都被中原文化所折服，他们接受了也丰富发展了中华文化，日益成为中华民族大家庭不可分割的一部分。他们的参与，扩大了中国的疆域也扩大了中华文化的包容性。同时，中华文化也从未停止接受域外文化影响，引进消化吸收融和，增强了中华文化的活力，扩充了中华文化的空间。

中华文化具有崇高的理想信念。它的天下为公、世界大同理念，有利于我们接受信服共产主义学说。儒家的"老吾老以及人之老、幼吾幼以及人之幼"的提法，会使人想到理想社会的图景。中华传统文化包括老子与孔子都提倡的"无为而治"，与马恩国家消亡的最高理想遥相呼应。20世纪的中国接受了社会主义共产主义，绝非偶然。

中华文化道之以德、齐之以礼，孝悌忠信、以文化人、中庸和谐的思想，它的慎终追远、吾道一以贯之、天下定于一的认定，它的"圣人无常心，以百姓之心为心"（老子）的说法，它的克勤克俭、生于忧患、死于安乐的人生态度，它的以清廉忠诚为荣、以贪腐奸佞为耻的价值坚守，它的对于君子、士、大丈夫等社会精英的期待与要求——"恭宽信敏惠""和而不同""反求诸己""坦荡荡""有终生之忧，无一朝之患"等，至今活在十三亿中国人民包括海外华侨的心中，成为凝聚中华民族亿万人民的共识，是不可忽视的软实力。

但同时，长期缺少挑战与突破，对于"天下"即世界情况的知之不多，加之陈陈相因的学风，也使中华文化远在明代，在14世纪意大利文艺复兴与18世纪英国工业革命之后，渐渐显出滞后与不足。而在鸦片战争后，面对列强先进的科学技术与强大的军事力量的入侵，我们更陷入了文化焦虑与文化危机。卓越的晚清文化大家王国维在北伐军进入北京前夕自杀，称自己"经此世变，义无再辱"，陈寅恪说，王国维的自杀是"不得不死"，因为他感觉到中国文化面临着灭顶之灾。而《天演论》译者严复，这位企图以物竞天择、适者生存的西式理念唤醒国人的启蒙者，最后却落得在大量吸食鸦片中毙命的命运，令人长叹。

我们可以得出结论，今天提出的文化自信是一个历史的命题，也是一个时代性极强的命题。它的提出，回顾了数千年的世界史与中华史，总结了近现代中华文化经受的锻炼与考验，又针对新中国成立以来特别是改革开放以来中华民族命运的大变化。完全可以说，我们"现在更有理由文化自信"。

五四运动激活了中华传统文化

有一种糊涂观点，既然传统文化这么好，那么，正是由于五四新文化运动、革命与改革开放、引进各种外来观念，才把规规矩矩的传统文化搞乱了。有人甚至把五四新文化运动与20世纪60年代的"文革"相提并论。

问题很简单，请这些人读一下《红楼梦》《金瓶梅》《儒林外史》《官场现形记》就会知道，绝对不是革命搅乱了传统文化，而是文化危机、人心危机、社会危机、民族危机、生存危机一道，激起了无法抵挡的新文化运动、人民革命，并发展为无产阶级领导的新民主主义革命与社会主义革命。近现代中华民族与中华文化的曲折道路、动荡不安，不是无事生非，不是自毁瑰宝，而是绝地求生、悲壮救亡，是面对"亡国灭种"的危险而从头收拾旧山河旧文化的趋势使然。

五四新文化运动直到中国共产党领导的人民革命，通过"德先生"和"赛先生"（民主与科学）与爱国主义的提倡，通过马克思主义振聋发聩的传播，使传统文化中的糟粕受到批判，使中华传统文化得以痛切反思自省，使马克思主义中国化，使中华传统文化革命化、大众化，从而开始实现创造性的转变、创新性的发展，获得了新的活力。同时，革命的艰苦实践，也继承与发展了传统文化中已有的英勇献身、艰苦奋斗、百折不挠、联系群众、五湖四海、敢于胜利、善于斗争的精神。

反过来说，如果没有五四运动的冲击，没有马克思主义的引进与中国共产党人的发扬，没有人民革命的胜利，如果我们生活在甲午战争或者八国联军入侵的年代，我们还能有什么对于传统文化的信心呢？

1949 年中华人民共和国的成立，使中华民族出现了前所未有的文化自信与文化豪情。毛主席预言，随着经济建设的高潮，也将出现文化建设的高潮。新中国扫盲、普及教育、普及卫生知识、发展科教文卫体方面的成就有目共睹。同时，中华文化的繁荣发展，并非一帆风顺，我们也走了不少弯路。一个古老的东方大国，发展成为现代化的社会主义国家，谈何容易？

改革开放近 40 年后的今天，中国又一次站到了历史的重要节点，再一次使我们思考中国文化之历史命运。我们温饱了，进步了，小康了，国力大大增强了，在国际上越来越有分量了，中华文化在今天能为中华民族的软实力提供什么样的精神支持？能为人类作出什么贡献？中国人应该以怎样的面貌与世界相处？

中国共产党继承与弘扬了中华传统文化

中国共产党当初之所以能打败各种势力，走上执政的位置，一个充分的理由便是，它走了一条把马克思主义普遍真理与中华文化精华相结合的道路。毛泽东提出的中国共产党的"为人民服务"的宗旨，来自马克思主义的"人民创造历史"的唯物史观，同时也延续了中国"邦以民为本"（尚书）、"民为贵"（孟子）的思想。毛泽东提倡的自力更生、艰苦奋斗，谦虚谨慎、戒骄戒躁，与中华文化的自强不息、威武不屈，生于忧患、死于安乐的古训是一致的。毛泽东的游击战略与抗日持久战的思想，与老庄孔孟的以弱胜强、得道多助、多行不义必自毙的主张相佐证。毛泽东在整风运动中提出反对主观主义以整顿学风、反对宗派主义以整顿党风、反对党八股以整顿文风，无不与中华传统文化精华互文互证。毛泽东在与各种洋八股党八股的斗争中，确立了"实事求是"的思想路线，后来成为邓小平实行改革开放政策的思想基础。正是因为中国共产党人继承了、弘扬了也创造性地发展了中华传统文化，才能实现并且继续实践着马克思主义的中国化、时代化、大众化，也才能始终扛着中国特色社会主义这面大旗不倒，拿出以中国道路和中国成就所证实的中国方案，为世界有识之士所瞩目。

我认为，没有新文化运动，没有新民主主义革命与社会主义运动，没有改革开放与中国特色社会主义现代化的成就，停留在"半部《论语》治天下"的自欺欺人之中，我们就会自绝于地球，用毛主席的说法就是被"开除球籍"。而另一方面，如果丢掉了中华文化传统，也就丢掉了人心民意，切断了几千年的文脉，离开了自己脚下的土地，自绝于本土与人民。在新中国成立以后某些时期的风浪中，例如"文革"后期人民对于周恩来总理的拥戴与怀念、对于"四人帮"的反感与结束"文革"的愿望，都可以清晰地看出古今一脉的忠奸观念与正邪分野的强大生命力。小平同志正是在这样深厚的民意基础上，不失时机地顺应潮流，坚定不移地实施改革开放政策，使中国特色的社会主义出现了新局面。如今，党中央又在新的历史机遇中提出文化自信与传统文化的继承弘扬转化发展。所有这一切，都是基于对中华民族使命的担当与自觉。

有中国特色的社会主义道路，一个中心、两个基本点的提法，社会主义初级阶段的提法，面向现代化、面向世界、面向未来与不忘初心、继续前进的提法，全面建成小康社会、全面深化改革、全面推进依法治国、全面从严治党的提法，不忘本来、吸收外来、面向未来的提法，映射出来的正是中华文化统筹兼顾、中庸务实、自强不息、厚德载物的光辉。

这些正与中华文化的穷则变、变则通、通则久，自强不息、不进则退，苟日新、日日新、又日新的变革观，还有吾日三省吾身、闻过则喜的精神相对接。

在我国改革开放之初，西方一些政要，如当时美国国务卿基辛格、当时美国国家安全事务助理布热津斯基等，在接触过中国领导人之后，都预感到了中国崛起的必然性。布热津斯基20年前就预言："中国可能不用太长的时间就会在全球事务中采取一种较为坚决而自信的姿态"。他们认为，用中华文化武装起来的中国领导人，有一套自己的战略思想，是理想的也是务实的，是敏锐的也是有耐性的，是坚强的也是善于应对与自我调整的，是讲原则的也是足够灵活的，是善于保护自身又具有足够内存容量的。这正是中国思维方式所赋予我们的养料：不拒绝任何为我所用的启示与参照，不做刻舟求剑的傻事，同时懂得过犹不及，见贤思齐、见不贤而内自省，循序渐进、稳中求快，保证改革不会走上歧路。

中华传统文化的转化与发展

我们碰到的问题是古老文化的现代化。转化是指，要使封建文化与半殖民地半封建文化实现社会主义现代化，把前现代的精神资源转化为现代化的精神财富。发展是指，摈弃相对保守滞后的文化以建设适用于科学思维的、汲取了人类先进文明成果的、符合人类发展方向的前瞻性文化体系。这件事做得好，将使中华民族受益无穷，并为世界提供范例。

文化有相对稳定性、生活嵌入性、无处不在性，何况已经延续了几千年的文化。文化是一个互为依存的整体，它是你中有我、我中有你，"去其糟粕、取其精华"，说起来容易，做起来却没有那么容易，这就是为什么有些带有封建主义瘢痕的文化遗存总是依附在我们社会肌体上。但是不论有多么困难，我们必须面对这个时代课题。

比如《弟子规》中有"人有短、切莫揭"一句，一般来说这是对的，别人有什么生理缺陷、难言之隐，你当然不能总挂在口头上；但是从另一个角度讲，人要有是非观念，要坚持真理，有的短是要揭的啊！而且除了弟子行为需要规范以外，父母也罢，上级也罢，都要树立自己的规范与责任。如同需要"弟子规"一样，我们也需要"老板规"与"父母规"。

又比如孔子的名言"君子不器"，是说君子的责任在于修齐治平，君子不应该关注于形而下的"器"，而应该全神贯注于形而上的"道"。但是我们今天认为，"器"和"利"，关系发展这个硬道理。我们今天必须强调传统文化中所缺少的科学、逻辑、数理、技艺，"鲁班精神"、"工匠精神"、科学方法、精细管理、经济效益等等，恰恰是我们现代化过程中必须大大关注与致力的。但是孔子讲"君子不器"自有他的道理。孔子的中心意思是说，君子不应当拘泥于小事和具体事，而应当通过"器"看到事物的"道"，不要成为器具的奴隶，要有理想，有道德，成为生活主体。这个说法在今天甚至具有"后现代"意义。

再比如孔孟都强调从家庭中的孝悌做起，达到仁义天下、忠恕他人的目标。孟子甚至假设如果舜的父亲杀了人，舜可以逮捕他，但逮捕后应该帮他跑掉，放弃王位，陪他度日。这当然不符合现代法制精神。我们不能将家庭人伦血缘关系摆在道义与法律、国家利益与人民利益之上。但同时我们依然认为，孔孟所强调的家庭伦理关系是我们中华文化的一大特色，是合人伦合常理的，只是必须遵守法律底线，符合公共道德。

文化创新发展的关键是，要用先进文化丰富调整安顿我们传统文化中的道德人伦情感，同时用传统文化的包容消化能力使当代文化、外来文化变得更加符合国情，对今天的中国适用与有效。

近年来，有西方学者感叹他们的颓势，认为西方的优越性已快走到尽头；但也有人依然竭力贬低中国经验。问题是不管有来自何种方向的声音，越是在各种质疑声中，在世界可能需要从古老中国的稳健思路与轨迹中获得参照与补充的时候，我们越是不能对自己的成就和发展感到满足。我们志在对民族对人类作出更大贡献，我们还有相当差距，对待外来先进文化的学习借鉴、汲取消化、为我所用的脚步不能停止；同时把中华文化继承好弘扬好。

文化自信还有一个重要方面，就是对于中外大事大课题，我们要有自己的语言，要有中华命题和中华说法。例如"一带一路"，正是"己欲立而立人，己欲达而达人"的落实。我们要以开放的心态美人之美、美美与共，不泥古、不崇洋，以天下为己任。中国越是发展成功，越要善于学习，永不停步。中国的文化自信是前进中的自信，学习中的自信，从善如流的自信。

今天谈中华文化的创新发展有其特殊意义。我们身处一个时常感到无所适从的多样文化环境中，面对的是一个在近现代受到过多方挑战、多种考验、不无歪曲的文化，一种博大精深而不易轻易取舍的文化，又是一个随着国家的迅猛发展，日益被珍视、显现出强大生命力的文化。此时更需要我们汲取正确的精神实质，有扬有弃，有用有废，把传统文化中歧视妇女、弱化身心、扼杀创造等种种封建糟粕，毫不留情地淘汰，而把激励心志、坚守美德、智慧深邃、胸怀天下等壮阔醇厚的元素，薪尽火传，日月经天，一代一代传承下去。

全球化时代的中国文化格局

随着改革开放的发展，人们的思维方式得到多方启发，文化思潮日益开阔丰富，出现了多样化的文化生态，但也似乎出现了"乱象"。全球化与现代化，冲击着我们的生产方式、生活方式、语言方式、风俗习惯、民族传统。有些毋庸置疑，是应该接受的，有些则是我们不愿接受而必须面对的。比如批量生产的消费文化，冲击着主流文化、高端文化；迅捷的网络信息，人云亦云的大拨思维，冲击着独立深入的阅读与思考。市场经济在更好地配置资源的同时，也使文化领域染上了拜金、浅薄、媚俗、作假的风气，市场炒作使文化成果良莠莫辨，有偿新闻与有偿评论加剧了这种混乱。在浮躁的气氛下，有些演出在热热闹闹之后并未给我们的文化留下任何遗产，票房高低常常成为一部电影是否"成功"的唯一标志，而文学作品则是印数至上。网络中出现了各种贬低严肃文化与高尚思想的低俗甚至丑陋的东西。价值观念、社会风尚，都通过娱乐休闲市场表现出了异质的多样元素，此外还有一些片面性荒谬性观点，例如全盘西化或者全面怀旧等思潮倾向。

这种时候，更需要文化自信、文化定力，更要勇于与善于实现引领、整合、包容、平衡与进一步提升，以优秀传统文化、主流文化为主心骨，积极构建生气勃勃、富有创新活力，又能够满足人民多方面精神需要的多彩多姿的文化生态格局。

社会主义核心价值观的教育可以成为我们文化自信的载体。我们提出的富强、民主、文明、和谐，自由、平等、公正、法治，爱国、敬业、诚信、友善的核心价值，既融会了古代中国的仁爱、亲民、崇文、尚和观念，也体现了先进的爱国、人权、民主、自由、法治观念，并且与我们革命文化中的集体主义、奉献精神息息相通。

重视价值观教育，就是重视世道人心，就是让每个中国公民都有道德主体意识，诚如孔子所说："仁远乎哉？我欲仁，斯仁至矣。"法治是维护社会稳定的底线，道德则是调节规范社会稳定的无形而强大的支柱，而文化，恰好决定了道德的价值构成。如果每一个中国公民都散发出中华文化特有的气质，都以社会主义核心价值观为行事准则，那么，中国人的精神面貌就会焕然一新了。

某些文化歧义与碰撞，带来了冲击也带来了机遇。我们对于"双百""二为"方针的坚守，将有利于文化的繁荣；我们对于文化人才的支持与尊重，将吸引各方人才为我所用。国家的文化操作，应该有利于更好地进行文化教育与创新、文化争鸣与讨论、文化传播与提升。

提倡中华风度与中华生活方式

我们的文化自信不是顾影自怜，也不是文化自傲，更不是像"奇葩"辜鸿铭欣赏妇女小脚、赞成一夫多妻制那样的扭曲的"自信"。我们应该提倡一种"中华风度"：文质彬彬、从容不迫、避免争拗、和谐稳重，再补充以健康公平的竞争，以及对于核心价值核心利益的坚守，"中华风度"几近完美。设想一下这样的中国人：有着诗书礼乐的教养与文化，琴棋书画的益智与审美，精致而俭朴的生活态度，贫贱不能移与富而好礼的姿态，行云流水、水到渠成的耐心，穷则独善其身、达则兼善天下的明达与开阔，谁能不喜爱有着这样"中华风度"的人？遗憾的是，由于历史条件的局限，由于教育传承得不够，许多国人没能将风度塑造得如此美好。

我们应该格外珍惜这一份深厚独特的文化遗产。文化是理念更是生活。我们的汉语汉字、诗词歌赋、笔墨纸砚、中华烹调、养生医药、建筑园林、传统节日、民族艺术、民间工艺、礼仪民俗……构成了优美的中华生活方式。在全球化时代，我们越发认识到民族与地域文化特色的珍贵。尤其是汉字的综合性、丰富性、灵动性与审美性特色，是中国保持统一的重要因素，是中国人整合性关联性思维的重要基石。我们要进一步提高全民尤其是青年一代的汉语汉字水平，在提倡普通话的时候保护方言，在普及简体字的时候珍重繁体字，在使用白话文的同时学习掌握文言文。学习外语永远不应是也不能是疏于母语的理由。如今，不仅国人日益从中华文化生活方式中得到了可贵可亲的享受和滋养，还有更多的国际友人加入了学习中华文化的行列。

中华文化经圣人学者的阐扬，历经几千年，早已化为亿万人民的日常生活。文化贵在潜移默化，贵在浸润身心，贵在心心相印，贵在蔚然成风。真正的文化自信拒绝炒作造势、夸大其词、巧言令色、形式主义；真正的文化自信具备抵制低俗化、浅薄化、哄闹化、片面化、狭隘化的能力和定力。文化属于人民，文化的有效性在于提升生活质量、精神面貌、成就实绩。文化属于人民，文化还归功于巨匠大师，文化需要强大阵容，文化需要群星灿烂，文化要看高端果实，文化一定会造福本土、造福人类、造福全球。这都需要我们有国家层面的长中短期文化教育规划，国家层面的思想文化激励与荣衔制度，以催生国家层面、人类层面的引以为自豪的人才和成果。

　　我们中华民族确实应该比以往任何时候都更加自信，这不是"老大帝国"的狂妄自大，这是建立在转化与变革的举世瞩目、发展与创新的累累硕果之上的坚实自信。中华民族比以往任何时候都能更加坦然地面对困难，化解矛盾。我们走过的道路让我们自信，我们创造的业绩使我们能够自信。

　　文化自信是最根本的自信，是由内而外的自信，是有定力的自信，是有凝聚力感召力的自信，是面向世界的自信。我们要以文化自信、文化复兴，托起我们的道路自信、理论自信、制度自信，创造我们的文化辉煌，助力于中华民族的伟大复兴！

文化定力与文化自信*

中国文化面临"千年未有之大变局"

我们中国是一个在文化上充满了优越感的国家，是个既吸收各个方面的外来影响，又从来没有怀疑过自己的文化优势的这样一个国家。我们中国过去就不知道，也不相信世界上有和中国一样的很多其他国家。我们只知道中国是最伟大的。所以当英国想打开清政府的大门，想和中国通商的时候，中国的回答是：我们不需要和你通商，我们这里什么都有，我们一应俱全。

可是近 200 年来，中华民族经历了空前危局。中国文化面临"千年未有之大变局"。

当我们一遇到西方的船坚炮利——这种强大的，机械化的

---

　　* 本文根据作者 2014 年 5 月 23 日在山东大众报业集团的演讲整理而成。

军事力量、物质力量、商业力量、商业竞争，和我们中国一直得益于自己所讲的"仁义礼智信"——我称它为古道热肠，就是我们相信中国最好的时期是越古越好，这两者碰撞上了，就出现了大变局。全傻了。

这里我要说一句话，就是大家不要认为文化都是已经兑现了的东西，文化也包含着人的一种追求、一种理想，这种追求和理想未必能够百分之百地兑现，尤其是在你的有生之年。

比如西方的基督教文化非常好。西方的基督教文化他们都做得到吗？打你的左脸，把右脸伸过去？没有哪个西方人，你打他的左脸，他会把右脸伸过来。这是不可能的嘛！是不是？见到别人不信基督教，就说是迷途的羔羊，等等。这些东西都是实现不了的。爱敌人，实现得了吗？是不是？美国人实现了爱敌人吗？当年那希特勒——法西斯德国，更没有实现。

所以文化里头它包含着许多你所向往的，但不是完全能够实现的东西。

中国的文化，时间太长了，几千年，越来越多地暴露了向往和现实之间的距离，你的言说、你的理论、你的语录和你的行为之间的距离。譬如说我们看《红楼梦》，它没有受西方思潮影响，既没有受民主、自由、人权这一套的影响，也没有受阶级斗争、革命、暴力、生产力与生产关系的矛盾理论的影响，可《红楼梦》里的主人公并没有把仁义道德搞得很好啊，反而很差、很恶心。尤其是《红楼梦》里的男人，只有贾政——贾宝玉他爹相信这个。贾琏相信吗？贾珍相信吗？贾敬也不相信，他炼丹去了，炼完丹，吃到肚子里面都是结石，吃了一肚子结石，最后死了肚皮都是硬的。

所以这是一方面的矛盾。尤其到了清朝，除了刚才说的追求与现实、言论与行动之间的矛盾以外呢，更可怕的矛盾出现了，就是在中国文化之外，还有一个非常强势的文化——西方的文化、产业革命带来的文化、科学技术带来的文化、商业文明、商业竞争。所谓"物竞天择，适者生存"，这是一套争出来的文化，不是让出来的文化。我们的固有文化提倡的就是让，谦谦君子。

异质的文化太厉害了呀。

文化焦虑

香港回归的时候，谢晋先生执导了一部电影叫《鸦片战争》。这部电影没有受到特别重视，其实，影片中，谢晋有很深刻的思考。里面有一些令人非常痛心的画面。英国议会进行辩论，要不要对中国出兵，只差一票通过，在这些议员发言的时候，有一个议员拿着一个挺大的瓷器，说你们看见了吗，这就是中国，然后往地上"啪"地一摔——不堪一击。

还有一个场面，鸦片战争失败以后，皇帝撤了林则徐的职，然后派了他的弟弟，一个亲王，来主持求和。请英国军舰的舰长司令上来参观，好吃好喝地待遇，然后参观他们的炮台。这英国司令看了以后说这就是你们的炮台吗？说是。这就是你们的海防吗？回答说是。然后这英国人说，对不起，告诉你们，你们这全是垃圾。这样一种心情呀，太可怕了呀。

《鸦片战争》那个电影结尾的时候，道光皇帝带着他的儿子、女儿、孙子、曾孙，一大堆，其中还有那一岁的，在地上爬的，在大清的祖宗牌位前哭成一团——说对不起祖宗。

这个我称之为一种文化焦虑，就是我们由文化的优越一下子堕入到文化焦虑的深渊。

挫折、焦虑、失败、救亡变成了文化的主题，在这个时候呢，当然也仍然有一些老爷子，说我们的文化很好啊，很精致啊，我们的汉字很美丽啊，我们的瓷器烧得好啊，我们是讲孝悌、忠信、礼义、廉耻的啊。西方那些国家连什么叫孝都不知道，他们是一群禽兽啊，他们是畜类啊，是畜生啊。

但在大的时代背景下，这样的调子，被认为是昏聩，腐朽。那个阶段，延续到后来很长的一段时间，如果一个人热衷于古书，还在那里摇头摆尾于文言文，简直是人人得而诛之。

晚清以来，中国的有识之士，一方面是忧虑自己的传统文化难以应对陌生的异己的世界，突然暴露出千疮百孔，是否气数将尽；另一方面是怕挟着军舰大炮的强势的西洋文化会把自己的文化传统战胜与吃掉。各种对于文化问题的讨论充满悲情、激动人心、争执不休。这样的紧张性，使人进退都不好掌握。学西方（包括苏俄）学多了，怕丢了祖宗；学少了，怕不能自立于世界民族之林。继承传统，多了，怕是复古封建；少了，怕是丢了民族特色。

文化激进主义

在这种文化焦虑当中呢，我又引出第三个范畴来，叫文化激进主义——一种强度的文化焦虑必然会推进选择一种文化激进主义——把已有的文化成果视之为毒药，视之为垃圾。五四新文化运动就已经够激烈的了，竞相猛烈批判中国的传统文化，不管是左派、右派，都是批判传统文化的。当然后来都有变化。胡适等一些人提出了打倒孔家店。要跟欧美特别是美国一比较，便知道我们的中国事事不如人，只能误国误民。吴稚晖，国民党的元老，提出来把线装书扔到茅厕里去。鲁迅答记者问，给青年推荐什么书，他说："我以为要少——或者竟不——看中国书，多看外国书。"

他有一个解释："我看中国书时，总觉得就沉静下去，与实人生离开；读外国书——但除了印度——时，往往就与人生接触，想做点事。"中国人是提倡静的。

更激烈的还有钱玄同，说什么"人过四十，一律枪毙"呀，"废除中文"呀。"废除中文"的说法，一直坚持到新中国成立以后的，那不是开玩笑的人，那不是"愤青"，那是吕叔湘先生。吕叔湘先生的名言就是，我们中国一定要让汉字加封建专制主义被民主加拉丁化拼音文字所取代。当然，这个观点已经被否定了，汉字不可能被废除，而且完全可以和现代化接轨。

这些方面都有一些非常激烈的意见。那就是不但要否定中国传统文化中的这些东西，而且还要否定西方已有的基督教文明已有的一大部分。马克思和恩格斯说阶级社会是人类文明的史前社会。只有消灭了阶级以后，人类的文明社会才刚刚开始。那就是说到 19 世纪、20 世纪为止，人类文明尚未开始，因为它有阶级，它有私有财产，这也是很激烈的。在"文革"中，我们常常朗诵、背诵、引用马恩的语录，就是要和人类迄今为止的一切所有制的形式决裂，要和迄今为止的人类的一切文明观念形态决裂，那时候常讲的就是"两个决裂"——这也是激进。

文化激进主义还有一个很表面、很通俗的说法，就是全盘西化。胡适就是全盘美化的代表。他不遗余力地，非常真诚地介绍美国怎么好，我们应该学习美国。他甚至一直在幻想去说服蒋介石，让蒋介石接受美国的这一套政治观念。

我认为中国的全盘西化还有一个代表，不太西，但是比中国靠西，就是全盘苏化，完全俄化，代表人物就是王明。王明就是要按苏联的那一套模式来解决中国的问题。

激进主义有时候并不是政治上的统一派别，但是在文化上采取特别激烈的态度，而且这些人很容易得到喝彩。鲁迅先生有一个观点，说中国人历史太久了，惰性太深了，讲什么都没有用了。"中国人的性情是总喜欢调和，折中的。譬如你说，这屋子太暗，须在这里开一个窗，大家一定不允许的。但如果你主张拆掉屋顶，他们就会来调和，愿意开窗了。没有更激烈的主张，他们总连平和的改革也不肯行。"毛主席的说法就是矫枉必须过正。本来孔子的学说是过犹不及，中庸之道。毛主席说在中国矫枉必须过正，不过正就没法矫枉。他提倡这种文化激进主义。这不是偶然的，也不是前贤有什么毛病，而是确实中国这个文化太优越了，年深日久、积重难返，想改变它太困难了。

但是我们也可以说，我更愿意说，正是五四新文化运动拯救了中国的文化，拯救了中华文明。因为如果你不接受这些新的东西的洗礼，不接受这些新的观念的冲击，那么中国呢，就至今仍然处在晚清的窝窝囊囊的那样一种状态。

正是五四时期，我们吸收了这么多新名词、新观念。我们考证一下，我们现在讲的社会主义核心价值观，我们也经过一个很长的过程，到党的十八大所提出的那些词，有很多是中国传统文化里所没有的。"民主"，中国传统文化中有吗？"自由"，中国传统文化中有吗？"平等"，中国传统文化中有吗？"法治"，中国传统文化中有吗？还有许许多多的。所以正是五四运动，引进了许多新的文化。虽然它激烈一点，虽然有些具体的说法和做法现在不可能按它那个办。但是它赋予了中国文化以新的生命，激活了中国文化那些最积极的部分，推动了中国文化的重生。

谈到中国文化，我有一个小学同学，他后来是到台湾去了，他年龄和我同岁，但是因为我上学早，我后来又跳了班。这个小学同学叫林毓生，他长期在美国威斯康星大学执教。他提出来对中国的传统文化要进行"创造性的转化"。他这个说法和习近平总书记去年底在曲阜的说法是衔接的，就是中国的文化具有一种进行创造性转化的可能。

文化对接

这里我谈第四个观念，就是中国传统文化和世界先进文化的对接。这是可能的，不要认为中国文化是一个封闭的文化、僵死的文化，是一个生硬的、呆板的文化，不是。中国文化从来不拒绝吸收外来的影响。

山东我不够熟悉，起码在北京，北京的语言吸收的满语、蒙古语、阿拉伯语、波斯语，很多人现在都不知道。北京有很多说法，管"墙角"叫"旮旯儿"，这是满语。到现在，我估计山东也一样，因为全中国都是这样。赶着牲口，赶马车，往左拐是"咦咦咦"，往右拐是"喔喔喔"，这是满语，"咦"是左，"喔"是右。北京人喜欢吃的一种点心，叫萨其马，我不

1981 年，新疆维吾尔族诗人铁依甫江·艾力耶甫（右三）陪同王蒙回到伊犁，与当地干部、作家在一起。导演齐兴家（右四）也专程从长春到伊犁与他商量将小说《蝴蝶》改编为电影《大地之子》之事。

1981 年，回到巴彦岱的王蒙（右二）与维吾尔族乡亲们在一起。

知道山东有没有？"萨其马"是蒙古语"狗奶"的意思。这个多了。至于吸收西方的各种语言就更多了，有的在八国联军以后才流行起来。比如"看看"说"瞜瞜"，就是"look"，沙发就是音译"sofa"。还有一大批是从日语转过来的，是日本用日文当中的汉字翻译外文的词，包括"共产主义"，这是日文的翻译，"社会主义"，这是日文的翻译，"动员"，这是日文的翻译。我说不了那么多，我们本身从来不是不开放的。

第二呢，中国文化确实是非常大、非常广，里面有很多本身就互相不完全一致的东西，各种悖论都存在。"非礼勿视，非礼勿听，非礼勿言，非礼勿动"，这是中国文化，但是"马无夜草不肥，人无外财不富"，这也是中国文化呀！流氓文化呀，贫民文化呀，游民文化呀，也不能说它没有啊，这不算中国的，算外国的？《水浒传》里面的文化就和《论语》里面的文化不一致啊，它上哪里一致去啊？所以中国文化有很强的丰富性。"君君臣臣父父子子"，"君要臣死，臣不得不死，父要子亡，子不得不亡"，这是中国文化。但是《三国演义》里没完没了地抓着降将就说："良禽择木而栖，良将择主而事"，就是可以双向选择，你一样可以选择你的老板。

最主要的是，中国文化有一种积极向上的进取精神，你从最古老的《易经》上看，它就给你来一个"天行健，君子以自强不息"。这个不得了的呀，这就是中国文化能够和现代性衔接的阳光大道。《大学》上讲"苟日新，日日新，又日新"，中国还讲"穷则变，变则通，通则久"。——这是鼓吹改革的呀，中国人脑筋不死。

所以中国的文化是可以往现代性上走的，虽然现代性本身又带来很多新的问题，这我另说。

中国经历了这么一个复杂的过程，我们看到中华文化的古老，看到中华文化的不够用，但是我们也看到了中华文化的适应性，看到中华文化有自我调整和自我更新的能力，有汲取和消化外来影响的能力。因为什么东西到了中国都要变样，被称之为本土化。

1998 年，我被美国康州的一个大学请过去待过一个学期。那个时候我就谈过这么一个观点，我说所有的外来影响到了中国它就要发生变化。譬如可口可乐，以大陆为例，改革开放以后，可口可乐来了，一开始不成功。何以见得不成功呢？在北京，可口可乐刚来的头一年，出现了喝一杯可口可乐赠送一个杯子或一个盘子的这种优惠措施，可见它卖不出去，它滞销。现在呢，喝的人越来越多了，但是到了中国它会变样。当时我说这话并不知道情况，我在那里说完，回到北京，立刻就发现，北京人已经把可口可乐当成了解表的中药。小感冒，可口可乐煮姜丝，餐馆都可以提供。因为它有一点咖啡因，喝了精神会好一点。原来鼻涕邋邋的，喝完这个也觉得舒服一点。还有更伟大的发明，比如台湾的三杯鸡。三杯鸡是什么呢？一杯可口可乐，一杯干红（把法国也消化进去了）再来一杯酱油。

就这三样煮鸡，煮出来味道不错。

它到了中国是变的。只有无可救药的教条主义者才没完没了地抠那些字眼儿。

文化自信

前边都是谈历史，对历史的回顾。现在我们有了一种前所未有的对传统文化的热情，这原因很简单，因为我们国家有了巨大的发展。因为我们国家和过去相比，已经抬得起头来了，挺得起胸来了。因为我们国家已经对自己的前途有了自信，所以才有了文化自信。

我们所说的文化自信就包括了对传统文化中积极的、优秀方面的自信，包含了我们对自己发展模式的自信，包含了我们对自己文化的这种汲取能力、选择能力、消化能力、调整能力、本土化能力，以及识别能力、分析能力的自信。

我们的文化不是一个脆弱的文化，不是手指头一捅就破一个窟窿的，捉襟见肘、岌岌可危的文化。我们的文化呀，是一个能够和世界对话，能够和世界打交道，能够既保持自己的种种特色，又不拒绝任何外来的有益影响的一种文化。

如果有这样一种观念，简直是不得了的事情。很多东西一开始是不可思议的，想一想我们现在所接触的文化现象、文化产品、文化观念，和二十年以前、三十年以前、四十年以前相比，我们已经有了多么大的开拓和进展。有些很小的事情，我觉得不是什么大事，可是当初这都不得了啊。上世纪 80 年代我刚从新疆回来的时候，李谷一唱了一个《乡恋》，用的气声，《人民日报》上都有权威写文章批判她，邓丽君就更不用说了。

我们精神生活的空间确实是在不断地扩展，包括一些名词，我们放进社会主义核心价值观里边的，那比过去不知道宽广多少。"以人为本"，过去也是不能讲的啊。五十年前你讲"以人为本"试试？弄不好，后果是不堪设想的呀。所以我们接受了许许多多的东西，但是接受完了以后呢，我们仍然是中国的文化。

文化定力

我是一个写小说的人，所以我谈文化，带有文人谈文化的特点。我还告诉各位，我有一个独特的体会，因为有一阵西方世界谈要对中国进行和平演变。中国对这个也很紧张，老怕被别人和平演变了。我最近怎么体会到我们中国也有能力给洋人和平演变了呢？现在很多洋人到中国，轮到你去他家的时候，他弄一大盘生菜，两片面包就算是请你吃午饭了。可是他要是到你家里，你要是给他这个，他甚至很公开地提出来说，你们家吃饭怎么这么简单呢。搞关系、送礼、许愿，包括文化人，都已经走中国这个路子了。

影响是互相的，所以我谈的文化定力是什么呢？我们面对外来的影响，我们要有自己的选择、有自己的冷静，不要害怕，没有什么了不起的，也不要紧张，也不要简单地肯定或者否定。

钱钟书先生学贯中西，文通古今。他有一句名言："东海西海，心理攸同；南学北学，道术未裂"。

所以，第一就是要能够选择、调整和理性地对待。第二呢，就是要追求在今天的文化生活中一定的平衡，这个非常重要。现在的文化生活，我们的精神空间都空前地扩大了。可是这个扩大当中呢，需要有一定的平衡。有些休闲型、娱乐性、搞笑性的节目是可以有的。赵本山的节目我也看，小沈阳的节目我也看。潘长江，他演得好我也看。当然很庄严、很郑重、很主流的我觉得也很好，也可以看。

问题是我们要保持一种平衡，我们不能全部都是搞笑的节目。我们不能全是通俗的只追求收视率或者是发行数，不能全是这种东西。我们要有大众的、通俗的节目。什么达人秀，这样的节目也很好，我也很喜欢看。但是你要有一些高端的节目，一些高端的产品，你要有一些高端的文化的从业人士，要有文艺的大家。否则，就会出问题。有一个玩笑话说，中国自古就说，楚辞、汉赋、唐诗、宋词、元曲、明清小说，那么到了 20 世纪、21 世纪这一段，咱们什么最发达呢？后来有人就说，手机段子。这你对后世就不好交代啊。现在，很多来自微博上的各种警句，一下子会点击超过三百万，比你的书发行量大多了！但这是文化的高端精品吗？我现在常常感到糊涂，因为我的心目中，什么人是作家？李白是作家，屈原是作家，曹雪芹是作家，你一辈子写一百万条微博，又该怎么看呢？其实，能够代表人类智慧的高端精神产品毕竟还是太少了。苏联作家爱伦堡说，在文学上，"数量"的意义非常小，一个托尔斯泰，比一千个平庸的小说家还重要。所以我们要通过引导，专业化的、有公信力的评论，通过我们的奖励、奖评制度，让文化生活能够达到平衡。

我在《人民日报》上已经多次写过文章，有的地方好像还被当格言一样录下来，我就是说，通俗无罪，通俗不可怕，但是如果只剩下了通俗，这是不能容忍的。我们需要有高端，需要有引领。同样，我们大量地吸收外国的东西也无罪，但是我们不能忽视弘扬我们自己本民族的东西。关键就在这里。

大家现在很关心这个问题，我也很关心这个问题。我在许多报纸上都写过文章。我说咱们现在汉语的水平在降低，已经没法办了。把简体字还原成繁体字以后，笑话百出。"王后"，就是现在这个"王后"，他干脆还原成繁体字双立人那个"後"，就是后边的"后"了，国王后边。用错了字就是一塌糊涂。

这话说远了，我说这话的意思是我非常赞成加强汉语学习。但是现在有人一提加强汉语学习就认为是学英语造成的，这个观点我非常反对。哦，学英语学得好，汉语就不行啦。我们提一提英语好的人吧，哪一个汉语差？胡适、林语堂、钱钟书、季羡林、冰心、金克木、辜鸿铭，哪一个汉语差？连中文都不好，在家里和老婆孩子说话都说不好，怎么学英语呢？不可能的啊。

现在的作家里头有几个是英语好的？过去哪个作家英语不好？或者别的外语，鲁迅不是搞英语，他是日语啊，巴金，法语、英语、世界语。所以我们在遇到这些文化的问题的时候，所谓定力就是我们要看得很全面。不要轻易制造什么问题。

还有，就是要加强我们的文化整合能力。在中国今天最需要的就是文化整合，因为几千年来我们吸收的东西太多了。孔孟之道，对我们当然是有意义的啊。孔子讲做人，讲修身，讲待人接物，有的时候讲得太漂亮了，现在谁也没他讲得好，我们需要。马克思主义我们也需要，如果把马克思主义丢了，我们还怎么往下混呢？毛泽东思想，邓小平理论，"三个代表"重要思想，科学发展观，中国梦，往底下越讲越多。

我是河北省沧州市南皮县人，南皮县最有名的名人是张之洞，张之洞临上任之前呢，他请他的老师，姓鹿。老师送他十六个字，这十六个字学问深了："启沃君心，恪守臣节，力行新政，不背旧章"。"启沃君心"就是你要对上，"启"就是"启发"，要启发皇上，他这话也够厉害的。"沃"就是"丰富"，丰富皇上，皇上不可能什么事都知道。"恪守臣节"，你启发完了，你按你的规矩办事，你是臣子，不要代皇上办事，代皇上办事你要倒霉，只能把国家弄乱，要"恪守臣节"。"力行新政"，你要推行改革。然后"不背旧章"，太了不起了这个人，但是能够不违反原来的老规矩吗？都要违反，否则你给自己的阻力太大。这就是一种中国文化的整合性，他把新和旧整合到一块。

如果我们今天没有这种整合能力，我们随时就会发生文化冲突。民族主义的、爱国主义的、共产主义的、延安作风的、井冈山传统的、什么先进的西方的管理方式的、民主自由人权的，因为现在这些东西我们都不能够简单地否定。所以如果我们有足够的汲取、选择的能力，消化、本土化的能力，平衡、引领的能力和充分地加以整合的能力，我们在文化上就能够充满自信，就能有更大的定力。

文化自信与文化焦虑*

准备谈四个问题，第一，中国文化的危机与重生；第二，现代化、全球化所造成的文化焦虑与文化冲突；第三，现代化、全球化提供的民族文化发展机遇；第四，当前文化工作中的几个问题。

第一个问题是就整个中国来说，中华民族、中华文化在近现代以来，曾经陷入非常深重的危机。

中国古代没有"国际""世界"的观念，而是称"天下"。中国人所理解的"天下"是指什么呢？就是有我们这样一个很大的国家，有我们这样一个非常讲文明、非常讲礼义、非常讲秩序的国家，周围或者是大海，或者是一些小的番邦、藩属国。过去讲的治国平天下，这个国指的是诸侯国家，不是现在的整个的中国。所以中国有一个说法叫"四海之内"，

---

* 本文写作于 2014 年。

"四海之内"真正的国家就是中国，我们当时没有世界地图，也没有见过可以和中华文明相比肩的文明。据说中国最早的《共产党宣言》译本中"全世界无产者联合起来"这个口号就翻译成"四海之内皆兄弟"，这是非常中国化的表达。中国的文化自信是无与伦比的，什么时候也没有任何文化可以和中华文化相比较，日本、朝鲜半岛受中国文化的影响，印度支那半岛受中国的影响，他们也过春节，他们也有十二个属相。

但是 1840 年鸦片战争以后，中国突然发现，世界上有更强势的文化。面对强势的文化一筹莫展，面临"几千年未有之变局"，不知道大家看没看过谢晋先生导演的《鸦片战争》，电影一开头就是林则徐。林则徐很伟大，但他对外面的情况也并不太了解，一开始有些举措并不恰当，然后把林则徐撤了，换了皇上的弟弟。皇上的弟弟一来，他的亲信就告诉他"大清国的克星到了"，当时的大清代表的是整个中国。电影结尾时，道光皇帝带着儿子、孙子、曾孙全跪在那儿，给清朝的列祖列宗牌位磕头，一边磕头一边从老到少在那儿哭，哭什么，哭没有保住祖宗的土地。清太祖、清太宗开疆拓土，但是到了道光皇帝保不住了，对不起祖宗。那个场面非常惊人，连最小的孩子都跪在那儿哭。

文化上的焦虑真是没办法，中国文化碰上洋枪洋炮军舰一筹莫展、毫无办法。比如说，晚清最杰出的学者王国维，既通国学又通洋学，辛亥革命成功后十余年，到了北伐革命军要打到北京来了，就跳昆明湖，昆明湖一米二三深的水就淹死了，他不想活了。他绝不是保皇党，也不是拥护军阀，但是他看到了中国的乱局，他的遗书说自己是"经此世变，义无再辱"，陈寅恪说，王国维为什么要自杀，因为他感觉到中国文化面临着灭顶之灾。中国的知识分子活在世上依仗的就是中国文化，眼看着这么一个好的文化要完蛋，除了死没有别的前途。晚清还有一个大知识分子严复，最早介绍进化论的思想到中国，他用非常古色古香的骈体文翻译了英国科学家赫胥黎的《天演论》，毛泽东主席在年轻的时候非常爱读严复翻译的《天演论》，1966 年到 1967 年，全国没有什么书出，毛泽东主席提出来就印《天演论》，所以 1968 年全国到处卖《天演论》。严复是清朝公费派到伦敦最早的留学生之一，严复的英文那么好，介绍了英国很多重要的思想，他翻译《天演论》、讲进化论的目的是唤醒国人"物竞天择、适者生存"，警告中国人在世界大的竞争格局中，你已经落后了，如果你不奋起直追，改弦更张，你就会被淘汰。但是他对清朝的政局没有任何的办法，中国文化要向哪里去没辙。他的晚年就靠吸食鸦片来度日，这是一个极大的悲剧。他不是一个堕落分子，他不是没有学问、没有出息的人，他也不是懒惰的贵族，他是励精图治的人，但是他看不到出路。类似的故事非常多，令人极其痛心。

所以到了 1919 年，爆发了五四新文化运动，新文化运动就是为了抢救我们的民族，不惜对自己的文化进行坚决、彻底的批判、反省，希望我们的文化能够有一个更新和重生。当时也有一些非常激烈的见解，现在看起来觉得非常可笑，但是在那个时候是无法避免的，中国几千年自给自足自满自陶自醉，忽然发现自己不行，这种冲击不得了。当时鲁迅提出来"不读中国书"，胡适等提出来"打倒孔家店"，吴稚晖提出来"把线装书一律丢到茅厕里去"，不管是国民党的右派，还是共产党的左派，都是对传统文化采取激烈的批判态度。当然同时积极地引进新的观念，民主、科学、爱国主义……李大钊、陈独秀等开始向中国介绍马克思主义。文化上还有一些更激烈的说法。钱玄同提出来废除中文、废除汉字，认为汉字不好写是中国专制主义的一个根源。一直到新中国成立以后，大语言学家吕叔湘先生提出来，中国的文字改革要从汉字加专制改变为拼音加民主。钱玄同提出的更激烈的是"人过四十一律枪毙"，中国保守的腐朽的东西太多了，所以年过四十毙掉算了。现在听来很可笑，但是当时的文化焦虑都到这种程度了，焦虑到可怕的程度了。

从那个时候到现在，我们逐渐能够提出来，要很好地继承中华民族优秀的传统文化，同时要吸收全世界最先进的文化的内涵，要做到面向世界、面向未来、面向现代化。为什么现在能做到，五四时那么激烈？原因就在于，从五四运动以来，中国已经发生了翻天覆地的变化。首先是中国的人民革命取得了胜利，国家实现了基本的统一和政权的有效运作，同时，1949

年中华人民共和国成立，尤其是到 1978 年十一届三中全会以后，全国把工作重点转移到社会主义经济建设上来，使我们国家的命运已经有了十足的改变，使我们的面貌有了极大的改变。在这样的历史进程中，中华文化既暴露了自己的不足，比如缺少民主、科学的观念，缺少现代科学的系统，有很多落后于工业化、现代化的地方，但是中华文化也表现了基本的优秀的品质，比如自强不息、厚德载物、海纳百川，表现了中华文化的吸纳能力、自我调整和发展的能力、应变的能力、抗逆的能力。农学上有抗逆这个概念，种子要有抗逆性，不怕洪灾、不怕涝灾、不怕虫灾、不怕病毒。这个非常重要。

目前，中国确定了积极实现现代化方针，这并不是所有的文化都能做到的。有些文化对现代化是强烈地抵制，比如阿富汗的塔利班。我还有一个经验，我在三个洲三个国家听到了一个完全相同的故事。最早我是看德国的诺贝尔文学奖得主海因里希·伯尔的作品，他是上个世纪 70 年代获得的诺贝尔文学奖，他写过一个小说，题目很怪，叫《一个关于劳动生产率降低的故事》，讲一个渔民在河里抓鱼，一个小伙子在河边的树下睡觉，这个渔民让小伙子帮他打鱼，小伙子不干，渔民说"我给你很多钱，给你钱你就能过上幸福的生活"，小伙子说"我现在睡觉就是最幸福的生活，我用不着挣你那钱才能过上幸福的生活"。我到印度去访问的时候，这个故事我又听到了。后来我到非洲的喀麦隆去，喀麦隆的朋友又给我讲同样的故事。所以有一些文化对现代化是抗拒的，他不愿意发展，发展干什么，不发展就过得很好，它有一定的道理。

中国在发展、建设、改革开放、现代化建设中取得了相当的成绩，这种情况下，人们反过来对老祖宗、对文化传统就会抱比较正面的态度。江苏镇江，曾经有一个美国的作家赛珍珠在那儿长期生活过。她少年时代跟随爸爸到了镇江，一直住在那儿，她爸爸是传教士，她本人写过一个长篇小说获得了诺贝尔奖，叫《大地》。这个女作家曾经和我国关系非常坏，她的《大地》有这么个意思，说中国这个国家特别好，中国的老百姓特别好，农民也特别好，但是共产党不好。可是这个人回到美国后，在她的晚年，曾经给美国的政要写信，她说，美国不和大陆建立外交关系，不和大陆打交道，这是非常错误的，因为中国人拥有很长久的历史，在这个历史中他们经历了各种的苦难和考验，现在保留下来的都是最优秀的品种。这是从一个侧面当一个故事来说。

随着中国的发展，我们的文化自信正在日益增加。现在体会不到或很少能体会到道光皇帝带着他的子子孙孙在祖宗面前痛哭流涕、下跪请罪这种心情；我们也体会不到严复那种自己抽抽大烟、睡个糊涂觉、一筹莫展的心情，我们也体会不到认为中华文化已经没顶、只能自杀的那种心情，同样我们也体会不到慷慨激昂、要求把40岁以上的人全枪决的那种激愤。这说明，从文化焦虑到文化自信非常困难的这一步，我们已经迈过来了。当然不是说没有问题了，问题还很多很多，但总算大不一样了。

讲到过程的时候，绝对不能够任意地否定前人，没有五四时期那种激进的新文化的意识，还停留在封建王朝时期的陈旧的水平上，就没有中国的现代化建设，就没有中国的发展，也就不可能有今天的自信。正是新文化运动带来了置之死地而后生的历史机遇，挽救了中华文化，使中华文化焕发了新的生机。

第二个问题，现代化、全球化所造成的文化焦虑与文化冲突。

这些名词是有一个发展过程的。如果阅读 1848 年出版的《共产党宣言》，里面就已经勾勒出了产业革命即工业化时代，随着资本主义自由竞争原则的实现和工业生产科学技术的突飞猛进，生产力突然获得了大的解放，这在共产党宣言中有非常精彩的描绘。但是那时现代化、全球化这些词有的还没有出现，可是以欧洲为中心的文明的那个势头一直保持着，后来是以欧洲和北美为基地的一些国家塑造了他们强势的文明，甚至变成了世界上占有主流地位的文明。基督教文明、自由竞争、科学技术的广泛应用，对于发展和消费的极力疯狂追求、凌驾于全世界之上的那种气势，已经有 200 多年的势头，在这样一个大势头下，恰恰是西方一批知识分子，其中有很多是左翼知识分子，他们分析，这种现代化、全球化造成了相对弱小的、至少是非强势非主流的文化焦虑，被称之为认同危机。认同危机就是丢失了自己的身份，发展的结果是找不到自己了。

一个相对比较弱的民族，经过一二百年和强势的国家打交道，你的生产技术被欧美的生产技术代替；你的商业品牌被欧美的商业品牌代替；你的人文观念被欧美的人文观念代替；你的宗教信仰很快地就被非常强大的有优势的基督教文明代替；你的生活方式被欧美的主流的生活方式代替。这个问题使得比较小的国家和地区感到找不着自己的祖宗、自己的身份，甚至有的小国家和地区语言都乱套了，菲律宾就非常困难，它的英语词之多非常惊人，它的语言里西班牙语的词语有一些，原住民的语言也不清晰，完全混在一块。

我们有一些有识之士也很担心各种英语词进来得越来越多，但是要从根本上把汉语挤垮、挤小、挤窄，我认为这种可能性非常小。汉语太厉害，吸收了英语词，慢慢地就没人认为它还是英语词了。沙发是英语词"Sofa"，但是现在没人认为它是英语词，沙发就是沙发，跟英语有什么关系？坦克也是英语词，现在也没有人认为它是英语词。但是有些很小的语言它确实很恐惧害怕，这种情况下就产生非常大的反感，对现代化、全球化非常反感，因为现代化、全球化使这些强势的文化变成了主体，使弱势文化没有了自己民族、语言、宗教的特点。

中国也不是完全没有这个问题，中国也有这个问题。情人节这是洋人的节日，海峡两岸都提倡把七月初七鹊桥会定为中国的情人节，听起来非常美，可是实际做的效果怎么样？现在还是情人节发挥作用更大，买一朵玫瑰花过情人节。鹊桥会呢，也很好，但是牛郎织女的故事有点惨兮兮的，一年才见一面。所以我们实际上也碰到这样的问题，我当全国政协委员时了解到，政协在维护传统节日这方面起了很大的作用。清明节是中国的传统节日，放假非常好，表达了对祖先对逝者的怀念和尊敬，中国人讲饮水思源，讲古道热肠，这是一种中国文化。端午节、中秋节放假也很好，遗憾的是元宵节没有假期，它挨着春节太近了，连着正月十五再放一天假，那就什么事都别干了。但是外国的一些节日，比如情人节、圣诞节，对中国的影响越来越大。所以有些地方就产生了所谓认同的危机。尤其是经济的迅猛发展，它提高了我们的生活水准，我们觉得很好。但是它造成很多新的矛盾，它在改变世界和本地区的文化生态，它在让你获得了高收入、高消费或更便捷的现代科学技术服务的同时，丧失了许多传统的、文化的魅力。

比如住房子，从中国人口多，现代化的居住来讲，我们住公寓楼最好，上水、下水、无线电、宽带、煤气、空调、热力供应，都会合理得多。但要把一家一户的茅屋、石头房子、窑洞、岩洞这些东西全消灭了的话，这确实是一个悲哀。我在新疆待过 16 年，现在还会讲维吾尔语，我现在去新疆大吃一惊。过去新疆有一个工具叫坎土曼，它的形状像铁锨，但比铁锨厚、重，它安装的角度像镐、像锄头，它既可以当锄头用，也可以当铁锨用，现在已经越来越少了。中央党校经常叫我给该校的新疆班讲课，我提出来，给我找一把坎土曼，结果发现坎土曼变成了一种正在被淘汰的工具了。后来喀什市的领导说为我找了一把坎土曼，新疆已经不大量生产坎土曼。在新疆劳动工具抬把子也没有了，新疆过去磨面都是用水磨，现在也基本上没了。现在电力这么发达，一个小电磨一转多快，谁还弄水磨。但是水磨也是一种文化。关于房屋的式样上也会产生很多新的问题。

在这种现代化和全球化的过程中，会产生文化、身份、情调、生活方式的焦虑。你说你的文化好，但是我不习惯于那种生活方式，甚至还能产生文化的冲突。全国政协委员有一个活跃人物韩美林先生，他到某省去做扶贫的工作，发现该省有些地方极端贫困。他自己和当地政府联合起来，组织这些人到陕西去做建筑工，当建筑工可以挣到过得去的工资，生活就都有了保障。可是在陕西干了没多久后，全都跑了，他不接受去当建筑工人，他说怎么到了几点还要上班，我们祖祖辈辈没这么过过，我们想干就干，不想干就不干，我不干就不吃嘛，我今天可以不吃没关系。1986 年，我第一次去西藏，西藏的朋友跟我讲过，说历史上他们曾经有四个英国的留学生，在拉萨搞了个发电厂，说是让当地的居民看看，发了几天电就被当地的居民给破坏了，因为当地居民觉得这是妖孽。晚上大家黑着灯好好睡觉，现在这东西能把灯泡弄亮，还能电死人，这是魔鬼、妖孽。这类的事多得很，我的同乡，河北南皮最有名的人张之洞，他对修电厂、京汉铁路都有极大的贡献，因为他当过湖广总督。清朝最早修出铁路来以后，火车刚一开，当地的农民、士绅全反了，觉得这种怪东西嗷嗷一叫，冒着黑烟从这儿一过，一方必定遭难。最后缓和的办法是先用牛拉着火车走。我们不要认为这很可笑，英国也是这样。英国人史蒂文森发明的火车，火车刚一走，当地农民全都不干了，非造反不可，不得不改成马拉火车走。区别就是他是用马拉火车，清朝的时候是牛拉火车。

文化有一种滞后性，一种文化不是很容易就接受新的东西。我们还要看到一点，物质上的东西有了新的东西就可以不要旧的东西，但是文化的东西新旧不能互相取代。什么叫新旧不能互相取代？过去欧洲宫廷贵族的生活把蜡烛作为讲排场的很重要的一种手段，所以吃饭要点蜡烛，现在你到欧洲出席正式的宴会，各种壁灯、台灯，悬挂的灯很多，但是桌子上还要点两根蜡烛，蜡烛点起来有一种吃饭的情调。我还看到过，有的朋友出几次国对洋习惯很感兴趣，老公老婆吃饭也要点上一根蜡烛，那种样子很享受。这个问题说起来是很小的一件事，但也很复杂，因为有人告诉我说是点上一支蜡烛有利于空气的对流，蜡本身产生的有害气体很少，相反的一大堆菜的不好的味道，因为蜡点着之后空气对流较快，有利于气味的散去。文化是很有意思的东西，新旧不能代替。电脑，有了WINDOWS，当然就可以不用原来的 DOS 系统，可是文化不见得，《诗经》就是《诗经》，现在的诗写得再好代替不了《诗经》，跟《诗经》不是一个味。从文化的角度人们在维护、支持、创造新的东西的同时，对旧的东西有一种深深的眷恋。

每年的两会期间，尤其是在政协的会议上，一个长久不变的话题就是文物保护。认为在现代化建设过程中，破坏太严重，最严重的时候就会发生文化的冲突，就会发生我们最不希望见到的破坏。

反恐的问题除了军事、公安、治安的问题，除了执法机构和强力机构所要管的那些事外，也有一个问题，即怎么解决文化的冲突问题。像阿富汗这样比较极端的宗教势力，面对着现代化和全球化，感到绝望，他认为你正在消灭他那种文化、那种信仰，所以他要在圣战的口号下做出反人类的恐怖活动来。从这个角度，在急剧现代化、全球化发展过程中，某些弱小的文化会感到焦虑、感到没有希望或者产生某种极端的负面情绪。这是今天全世界包括中国人都应该考虑的一个问题，包括我们现在存在的边疆民族地区的某些情况，一些令人忧虑的情况，西藏、新疆的某些情况，除了是敌对势力、"三股势力"的破坏以外，也需要考虑怎么样能够做好既要发展又要吸收先进的东西，要调节和照顾处在弱势的文化的合理忧虑，该保存的应该保存，该保护的应该保护。

第三个问题，现代化、全球化也为民族文化的建设提供了许多机遇。

我们不要光看到现代化、全球化对民族文化造成的挑战、压缩、冲击，我们还必须看到正是在现代化的过程中，我们的民族文化有了发展、建设、保护的可能性和机遇。什么原因？

第一，正是在这些现代化、全球化处于强势的国家和地区，他们首先提出来尊重和保护文化多元性的命题。欧美做过一些坏事，比如欧洲人移民到美国，几乎给美国原住的印第安人造成了灭种之灾；说欧洲白人到新西兰、到澳大利亚，对新西兰的原住民毛利人、对澳大利亚的原住民造成了极大的危害，人数减少、一天不如一天。但是我们也要承认，20世纪下半叶，这些地方对文化的多元化有了新的认识和强调，认为保持文化的多元性，保护多元的文化遗产，对于人类来说非常重要；相反，消灭或者无形中挤压掉一种文化，是人类极大的损失。现在对很多问题的看法不像原来那么简单了。举一个国内的例子，新中国成立以后，我们在语言文字工作上取得了很了不起的成绩，其中有一条就是推广普通话。推广普通话非常重要，对维持国家的统一、规范我们的书写和信息的传播作用非常重大。全世界都是如此，说话要有一定的规范。萧伯纳有一个话剧，美国人把它拍成了电影《窈窕淑女》，写英国的一个乡下人，说话口音非常土，在伦敦由于被一个有地位的男人爱上，这个男人就教她把口音改成最漂亮的伦敦音或者是牛津音，然后这个原来很土、做杂工的乡下女人，最后变成了贵妇人、变成了 Lady，而且说话的声音让大家倾倒。全世界都有这种观念，但是现在中国的学人跟过去不一样了，一方面不否定普通话，另一方面也都认识到方言的重要性。中国没有方言就会丢失一大批文化遗产，比如说大量的舞台艺术是离不开方言的。越剧如果用普通话或者是北京话、东北话、云南话，绝对不是越剧的那个味了；苏州评弹不用苏州话来讲也根本不可能；广东红线女的那个粤剧，我记得里面说"卖荔枝"是"mai laiji"，你如果不用广东话，不用粤语来讲也是不可能的。还有很多方言里表现的内容是普通话里所没有的，现在普通话里也接受了许多方言。"煞有介事"应该是江南的说法，普通话里没有。所以现在对方言的态度又不一样了。

作为一个现代人，非常麻烦。你应该会说普通话，也应该会说一点外语，英语也好、俄语也好、法语也好，还应该会说几种方言。你赶上这个时候了，就好好学吧，要你学习的东西多得很。

现在对文言文的观点也不一样了。五四时期提倡白话文运动，不论是胡适，还是陈独秀，都极力地抨击文言文所带来的弊端，说它使文化脱离人民脱离群众。但是现在起码存在另一种意见，就是文言文不可能随便否定。一种思想和它所依附的语言手段是不可能完全剥离开的。思想离不开语言，语言离不开思想。比如先秦诸子，《道德经》《庄子》《论语》《孟子》，如果不是用它那个语言，而是用白话文翻译出来，很可能是味同嚼蜡。所以，对文化的多元化理解对于发展民族文化建设当然是有很大好处的。

第二，现代化、全球化提供了前所未有的文化交流的机遇。过去中国人有几个人见过外国人，有几个人能到国外去留学，有几个人能够参加经常不断、细水长流、规模有大有小的文化交流活动？过去什么时候中国的政府、中国的领导能够以这样的正面的热情来支持、推动、组织文化交流活动？都没有。这也可以看出来是现代化提供了机遇。当然，现代化和全球化推进了中国人民的经济收入的增加、国家财政力量的增强，这对于文化建设也起极大的推动作用。毛主席当年就提出过，随着经济建设出现一个高潮，会出现一个文化建设的高潮。为什么？这很实在，比如你得吃饱了才能说文化，如果全国还有几亿人处于温饱线以下，就说文化建设，不是说得太早了吗？这些方面也提供了机遇和促进的力量。

第三，各种的技术手段的发展对于民族文化建设、保护、传承也有极大的好处。现在有各种各样的音像产品，可以录下来，可以抢救文化遗产。李瑞环同志还亲自抓了个音配像的工作，把戏曲、曲艺都搞了音配像，但这是很遗憾的。为什么？因为前几十年的大师，有录音没录像，就用现在的演员来比划、表演，比如谭富英的唱段，马连良的唱段，配的是你找的现在的一个学生演员来演的。很多技术手段增加了民族文化的

2015 年 11 月 28 日，土耳其前总统阿卜杜拉·居尔在伊斯坦布尔寓所会见王蒙一行。

自信与自豪。比如说关于中国的汉字到底是不是一种落后的文字，这是非常严重的争论。我要告诉大家，我国在正式文件上，包括毛主席，毛主席绝对是一个文化爱国主义者，但是毛主席也曾经说过，汉字的出路在于拉丁化，他有这个指示，而且这个指示已经引入了我国的正式文件。但是现在我明确地说，汉字的出路不是拉丁化，汉字的出路不能拉丁化的，汉字如果拉丁化了，中国文化完全就变成另一个样了。为什么我现在对汉字信心大增，有一个原因，就是电脑的发明证明汉字是完全能够在电脑上输入、修改、保存、使用的，输入汉字一点不比输入拼音文字困难，只要会用电脑，输入汉字一点不困难，不是说汉字和现代科技手段势不两立，而是可以融合、互相接纳的。西方有一些左翼的知识分子很极端，恰恰是在西方，他们在批判现代化、现代性、发展，他们说发展这个观念是西方强加给那些不发达社会的，其实用不着发展。但是我个人不能接受这种极端的观念，他们的动机可能是好的，但实际的效果可能就是使欧洲和北美日新月异，其他的地方就过最简单的自然经济的糊口的生活，他们享受生产力发达带来的一切幸福和美好，你那儿身上披点树叶、树皮，过最简单的生活就得了。

第四个问题，当前文化工作中碰到的一些问题。

一是如何能够做到对大众文化与高端文化、精英文化的全面推动、理解和支持。

现代手段很大的好处是增加了文化的民主性、参与性。过去只有极少数人才能享受到的艺术家的表演，由于大剧院的出现，情况大不相同。古代是请到家里来，欧洲是在沙龙里、客厅里请一个人来弹一下钢琴，有十个、二十个、最多五十个客人听一听鼓鼓掌，现在与那样的情况比已经大不一样了。大剧院的出现可能是三千人，也可能是五千个观众。电影的出现又使这一切一下子不知道扩大了多少倍，电视的出现又大大扩充了受众，网络的出现就更不用说了。文化成果被大众所享受、传播、参与的势头是不可避免也是阻挡不住的。但是大众的口味也不是绝对可靠的。比如轰动全世界的"鸟叔"，韩国"鸟叔"的"江南 Style"，就很难理解。但我也不否定他，老百姓出点洋相也好、蹦跶蹦跶也好，不会对社会、他人造成任何损失，对和谐、民主也不会造成任何破坏。但你不知道他是怎么回事，你解释不了。中国前七八年，雪村先生的《东北人都是活雷锋》里的"翠花，上酸菜"一下子普及起来，《忐忑》也普及起来，最近龚琳娜还唱了一个《金箍棒》，也是用比较怪的花腔唱的。

不能仅仅有大众的东西，还要有高端的东西，一个民族、地区、国家的文化的成就主要是看它的高端。说中华文化非常高端指的是先秦诸子、孔孟老庄、韩非墨翟，一直到屈原司马迁、李白杜甫，用高端的东西来代表民族文化，高端的东西跨越了整个民族。为什么中国是一个诗词非常发达的国家，因为有这些高端的东西。我们去法国，法国红磨坊也很有名，但是真正代表法国的不是红磨坊，是巴黎的先贤祠，伏尔泰、巴尔扎克、雨果、居里夫人、笛卡尔、狄德罗，总是要靠一批最高端的大家、文化的巨人来代表这个民族、地区、国家的文化。我希望我们这方面有一个平衡，应该满足人民多方面、多层次的文化需要，包括休闲与享乐的需要，但同时民族、国家要有自己文化上的代表人物、高端人才，文化强国，文化强不强比的是高端人才，不是比法国的红磨坊，也不是比美国的某些酒吧或咖啡馆里的歌舞。

在大众文化和精英文化的问题上，我尤其担忧一个问题，即由于网络的发展，信息的获得越来越便捷化、舒适化，但是便捷化和舒适化不完全是文化正面的消息、不完全是正面的再现。因为要真正攀登文化的高峰，不可能便捷化和舒适化，需要下功夫、需要思考，便捷化与舒适化的结果会变成空心化与浅薄化，文化的活动越搞越多，因为有钱了，影响也越来越大，唱一首歌，在网络视频上一放，全国都知道了，但是它是浅薄的、空心的、没有灵魂的。虽然视觉的效果可以做到非常好，但是没有深刻的思想，不可能给人灵魂的洗礼，不可能振聋发聩、醍醐灌顶，不可能获得新的智慧，不可能因为这样的文化成果而更加靠近真理，也没有从这样的文化成果里感觉到真正的发明、创造，理念没有得到发展。

还有一个，如果没有足够的高端文化的力量，社会就不可能有非常靠得住的文化的评估系统。到底什么是好的，到底什么是一般的、差的，什么样的舞蹈最好，是鸟叔的舞蹈最好，还是杨丽萍的舞蹈好，或者是别的，总要有一个评估。都可以允许存在，但是层次并不一样。

二是市场和文化谁主导谁。

这是一个非常严肃、严重的问题，也是一个非常困难的问题。因为市场反映了民意、反映了多数，反映了老百姓喜欢什么、消费者喜欢什么、受众喜欢什么。自己吹自己的文化成果那么好，但是老百姓不喜欢、不接受，那好的效果到哪里去了？市场所谓看不见的手在文化中起着越来越大的作用，这有好处，使思想越来越开阔，使我们接受的东西越来越多。凡是老百姓喜闻乐见的东西都可以让它存在。市场在某些时候起了主导作用，电影更是这样。现在说哪个电影好、哪个电影差，没有一致的意见，但是说哪个电影卖座，这个意见是不需要讨论的，因为有具体数字。

在座的都是云南的领导干部，我在这里问一下，卖座卖得非常好的人在旅途的《泰囧》，在座的领导干部有看过的吗？请举手。看来也还有些人看过。《失恋 33 天》有看过的吗，好，没有《泰囧》多。这两部电影都取得很大的成功，但如果评价这两部电影的成就，看法可就不一样了。有的把它贬得一文不值，有的觉得这两部片子不错。我都看了，我儿子那一辈的对这两部片子都不感兴趣，我孙子辈的对这两部片子都特别感兴趣，我特别想听到电影艺术专家对这两部片子的评论，但是我听不到。

所以我们还需要通过有高端的文化人才才能使社会对文艺的东西进行有公信力的、权威的评估。但是反过来说，如果文化变成了市场的附庸，这个国家、这个文化能上得去吗？李白和杜甫谁向市场低过头，谁听过市场的招呼？曹雪芹写《红楼梦》不但没有市场，而且是穷着写的，穷得有时候饭都吃不饱，"举家食粥酒常赊"，买酒都没钱，要跟人家赊账，粮食买不起只能喝粥。那些最高端的文化精品、文化硕果、文化奇葩，都是超越了市场达到的。在这个意义上说，市场应该接受文化的主导，市场发展本身是为了让人过更文明、更幸福、更高尚的生活。但是我们现在看到的是市场在主宰文化，我们看不到文化主宰市场。实际上一个比较发达、比较文明的地方，即使是市场，追求的也是一种文化的氛围，它表现的是一种文化的向往。为什么我穿这件衣服？这件衣服我穿上体现出我对一种文化的向往，表现一种朴素、一种传统、一种亲和，而不是为了炫富，暴发户穿衣服是为了炫富。市场和文化谁为主导的问题，怎么样互相影响的问题，这是值得关心的问题。

还有其他许多问题，比如时尚和传统的问题。怎么样能够弘扬传统，但我们又不能拒绝追求时尚，关键在于时尚本身能不能符合一定文明的标准。比如攀登与消费的问题。我们接触文化的成果，究竟是为了攀登精神的高峰，还是仅仅为了一种文化的消费。我也不否定消费，我常常说，大众的、轻松的、一笑的甚至带点不雅笑话的书，也有它们的用途。遇到飞机误点的情况下，不可能拿着很厚的《资本论》在机场研究，很可能找一本乱七八糟八卦的书随便看看，这人人都可能。消费可以有，但是文化里要有一种攀登精神高峰、开拓精神空间、焕发精神力量的作用。短期文化活动和长期文化活动的问题，为了应时应景可以搞一次大的文化活动、搞一次合唱会，搞得很积极很好，但是它能不能反过来为我们的文化传统增加一份遗产呢？能不能变成文化活动的一个瑰宝呢？这很不容易。文化这东西有时候看着特别好办，让大家唱歌大家就唱歌，说举行一次演出那还不好办吗？花点钱就能组织一次演出。但是老百姓真正接没接受呢？不见得。有些很重大的文化活动、举措，响动很大、口号震天、声势浩大、规模宏伟，最后什么都没留下。还有些东西是已经在老百姓中生根，已经成为大家所接受的一种信念、方式。

文化自觉与文化自信[*]

文化自觉与文化自信，有着重要的意义。

自觉与自信，首先是对于文化建设的重视，是一种文化观念，一种不仅看到物质财富方面的建设积累，而且看到价值观念、知识系统、生活方式与精神财富的创造与保护的自觉性与坚定性。建设的过程不但是一个积累财富的过程，也是一个继承、弘扬、汲取、创造文明成果的过程。

文化的自觉与自信，首要是大家绷紧一根文化的弦。例如，在突飞猛进的城乡建设中，在动辄拆迁腾地以促开发的大潮下，许多城乡的文化标志与文化记忆被人为地抹去了。一些百年老店，奉命迁址后从此一蹶不振，直至关门歇业。有些特色民居已经所余无多，代替它们的是千篇一律的、基本上无文化含量的公寓楼。在网络与电子书提供的快捷方便大众参与的

---

* 本文写作于 2011 年 8 月。

同时，在销量效益高于一切的浪潮中，文化的操守与成品的质量正在被马虎对待。在口口声声文化文化的同时，一些地方表现出来的是粗俗的急功近利，是对于文化的无知与粗暴。他们只知道用文化吸引旅游、用文化鼓动招商投资。如此种种，都不是文化自觉与文化自信，而可能是不自觉与盲目自吹自擂。

自觉与自信包含着对于长期积淀下来的优秀民族传统的熟悉与热爱，也包含着对于传统的创造性的弘扬与发展，将传统引导到现代。不是不要传统只要新文化，也不是糊里糊涂地忽然只要传统回到封建的旧文化。

自觉与自信，包含着对于先进文化的自觉追求、自觉建设、自信宣扬、自信扩展。什么是先进文化，首先是价值观念的先进，是与时俱进而不是腐朽没落的颓废，是科学昌明而不是愚昧迷信的自欺欺人，是面向现代化、面向世界、面向未来的开放格局而不是抱残守缺的狭隘，是重在建设与积累的理性而不是动辄起哄破坏的砸烂。

自觉与自信还包括着文化上的创新精神，当然。文化创新与理论、制度、科技创新等相比，范围更广泛也需要更长的周期。百年来，中国的变化惊天动地，欣与其盛的中国人民，抚今思昔，甚至会有恍若隔世或隔了几世的感觉。但中华文化的一些基本素质，仍然与两千多年前的先秦诸子的思路密切相关，与伏羲八卦与仓颉造字密切相关。我们仍然难于也不应该简单地甩开孔子，我们仍然深切地感受到孔子的仁义道德有利

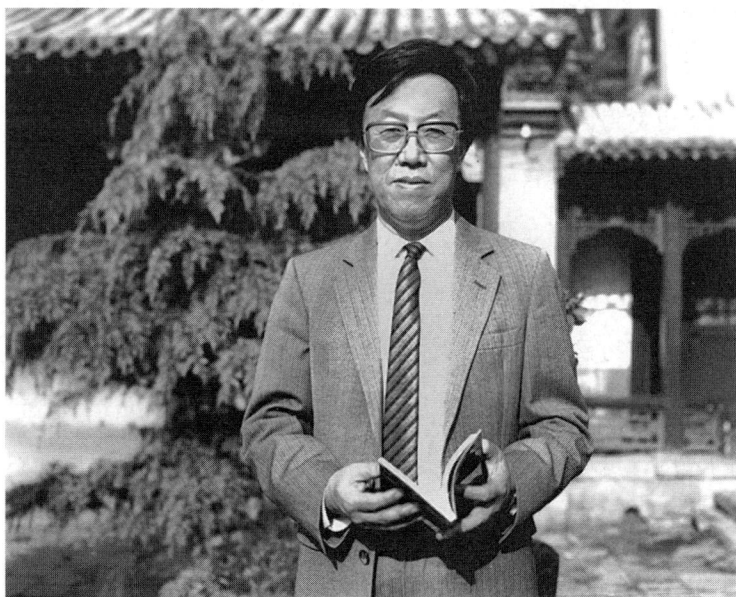

王蒙任文化部部长期间摄于孑民堂前。

于维护稳定、秩序、和谐，当然又不是照搬儒家的一套。我们在五十年代曾经满怀激情地推动文字改革，并明确昭示汉字的出路是拉丁化。经过六十余年的实践，至少我们会明白，汉字文化是不会消失也绝对不能泯灭的。

具体地看，文化有时候比人强，文化产品可以汗牛充栋，文化活动可以此起彼伏，它们对于文化的基调的影响却可能比较微小。关键在于一种文化的趋势与新意能不能给这种文化的受众提供更高的生活质量。

总体看来，文化的对象是人，文化的主体也是人，以人为本，人们以自身的利害好恶得失求拒为标尺，人们以自身的智慧、自觉与自信为标尺，决定文化的走向。

从文化紧张到文化和谐*

晚清以来，中国的有识之士，面对着空前的文化难题。一方面是陌生的、敌意的与强大有效的西洋的船坚炮利。一方面是亲爱的、古老的却又在西洋主导的异己的世界面前一筹莫展的列祖列宗留下来的文明传统。

我们面临着双重的文化对抗。一要对抗帝国主义的文化侵略，二要对抗传统积习的抱残守缺，误国误民。积极学习西洋，变法图强吧，则困难重重，而且面对着违背祖训、被西洋化掉吃掉的危险；以不变应万变吧，则只能衰微灭亡。

于是长期以来，出现了文化紧张、文化焦虑、文化冲突与文化对抗。于是王国维跳湖自杀，而严复晚年也只能是吸食鸦片。

同时出现了文化乌托邦，以为可以全盘西化，最好连中文

---

* 本文写作于 2008 年 4 月。

都废除。或者以为，只要重振国粹，自然可以天下大治。

这样的紧张性，使人进退都不好掌握。学西方（包括苏俄）学多了，怕是丢了祖宗。学少了，怕是改变不了积贫积弱的局面，不能自立于世界民族之林。学多少才合适？中华文化传统中何者精华，何者糟粕？中国文化传统如何才能适应现代化的需要与步伐……不论是读书留洋，还是语言文字、学术思潮、音乐美术、衣食住行，无不举步维艰，步步争议，事事斗争。

马克思主义来到了中国，使中国现代史与文化史面貌一新。但同样有一个问题摆在眼前，是照搬苏俄还是使之与中国的实际、中国的文化传统相结合，使马克思主义中国化。中国化的马克思主义，当然不是舶来品，而是中国文化的一部分，是中国文化的指导思想。同时中国文化当然又是世界文化、人类文明的一个组成部分。

于是有了拿来主义，有了民族的科学的大众的新文化的方针与实践，有了面向现代化、面向世界、面向未来的改革开放的文化方针与成果。一方面是从来没有像十一届三中全会以来这样地敞开国门，学习吸收先进的一切文化果实，另一方面，也从来没有像十一届三中全会以来这样地强调弘扬中华传统文化的精华（不是糟粕！）。

随着经济建设的高潮的出现，随着"三个代表"重要思想与科学发展观的提出，随着构建和谐社会与和谐世界的方针

1989年元宵节联欢会，王蒙与高占祥（右二）、李维康（右三）、袁世海（右五）、阿依吐拉（右七）、崔美善（右八）、莫德格玛（右九）等人受到李鹏总理接见。

的明确与成熟，开始出现了文化建设的大繁荣大发展的新的可能性。

在这样一个文化背景下，2008 年在北京主办奥运会，并提出"同一个世界同一个梦想"的口号，其意义是非常重大的。同一个世界，同一个梦想，从文化学的意义上来说，就是更加强调文化的共同性与互补性。可以说这表明了：近代以来的国人的文化紧张、文化焦虑、文化对抗的形势正在发生重大的变革，中国与世界正在寻求沟通与互相认同，国人的精神资源正在迅速地扩大，我们追求的和谐社会与和谐世界正在成为一种普世的价值。我们的中华文化的主动性正在恢复。

当然和谐绝非易事，某些文化冲突与文化摩擦难以避免。对于中国的偏见与思维定势仍会长期存在。国人的某些狭隘与不文明的现象的消除也绝非开一次奥运会就可万事大吉。各种文化争论（例如对于奥运场地馆与国家大剧院建筑风格的争论）仍将会长期存在。但是我们积极申办与举办奥运会已经说明了我们对于世界性的奥林匹克精神与原则（和平非战、重在参与、世界人民与运动员间的友谊、更高更快更强、公平竞赛等）的认同。世界积极地到中国来参加 2008 奥运盛会，也是对于中国的发展与进步的认同，对于中国文化的自主性与独特性的认同，对于作为国际社会一员的中国的友好、好客、现代性与组织能力的认同。2008 北京奥运会，是一次体育盛会，也是一次文化交流的盛事。

　　我们的国家还从来没有像今天这样地重视文化，珍惜文化，强调文化的大繁荣大发展。我们至少可以有所期待，更多的文化交流沟通互补，古老的中国文化的更多传承、发展与更新，以文化和谐、文化交流与文化互补的期待与努力取代文化紧张、文化焦虑与文化对抗的前景，是可能实现的。

　　而中华文明、中华文化将在和谐社会和谐世界的构建中得到空前的弘扬与创造性的发展。

建立从容深厚的文化自信[*]

近两百年来，中华民族经历了空前危局、剧变、重生和发展，中华文化经受了空前挑战、冲击、丰富与更新。回想这波澜壮阔、险象环生、曲折起伏而又终于走上建设中国特色社会主义现代化的大道，苦难与辉煌历历在目。温故而知新，在深化改革的今天，我们应该有更多的从容自信。

痛苦的文化焦虑，激进的反省与积极的引进，我们绝非一帆风顺地实现了并继续实现着马克思主义与中华文化优良传统的结合与对于糟粕的扬弃超越。在取得现代化的突飞猛进之后，人们又顺理成章地强调着对于中华文化优良传统的珍视弘扬。

继承与弘扬的目的当然不是为了回归到远古近古民国，而是为了广泛开掘多方面的精神资源，使我们在精神文明建设的

＊ 本文写作于 2014 年 3 月。

发展上更加主动、更加胸有成竹，与我们在经济层面取得的进展相对应。

急剧的发展大大改善了中华儿女的生活质量，同样急剧的新旧交替、中西杂糅、鱼龙混杂、众说纷纭，也使我们的文化生活、精神走向、价值观念时而出现困扰与失范、歧义与冲撞，乃至忧虑与紧张，这是很正常也很必然的。精神层面的文化建设，是个润物细无声的慢活，不可急躁。我们需要有足够的定力和稳健。

第一是登高望远、气度恢宏、不绝对化。比如传统文化，其中当然有不少封建糟粕，对这一方面我们必须保持足够的清醒；同时也要看到，这种文化几千年来培育着凝聚着亿万中华儿女，历久不衰、饱经忧患而依然深入人心。中华文化自强不息的精神、与时俱化的精神、仁者爱人的精神、推己及人的精神，其实都与现代性相通。正是艰难的演进蜕变过程，考验了也培育了中华文化的开放性、吸纳性与消化能力，应变性与抗逆能力，自省性与自我调整能力。我们完全可以"择其善者而从之，其不善者而改之"，珍视民族传统，同时勇于面向现代化、面向世界、面向未来，进行新的选择、整合与创造。

第二是要有一种从容的心态与通透的历史观，成熟地科学地对待各种社会文化现象。钱钟书先生说："东海西海，心理攸同；南学北学，道术未裂。"不同的角度、观点与渊源，不一定成为零和关系、对决关系。列宁指出马克思主义有三个来源与三个组成部分，指出马克思主义与人类已有的多方面文化智慧息息相通。今天，我们处在进一步改革开放的深水区，七嘴八舌，各抒己见，纷纭激荡，已成常态，有它的积极意义。社会的发展需要我们广泛开掘汲取消化民族的与世界的智慧成果，使我们的文化精神与文化土壤更加宽阔丰饶，使我们的精神能量与文化根基更加深厚浩大，使我们面对现实挑战更加应对有方、进退有据。中国梦是我们最广泛的共识，只要大家相向而行，群策群力，就能逢凶化吉，遇难成祥，共同推动伟大的民族复兴。

第三是面对"盘子"越来越大越来越多样的思想文化格局，我们在传统与现代、大众与高端、民族与世界、教化与娱乐、主导与多样、经典与时尚、争鸣与共鸣、市场与理念的一系列关系上，要有更加全面与均衡的思路和工作。在对当前文化形势、道德现状的评价上，避免就事论事，也避免危言耸听。由现象到本质，由历史到现状，才会认识得更加长远与深刻。

第四是我们关心文化事业、文化产业、文化建设、文化形象与文化外交这些看得见的东西，同时我们须更多地关心文化精神、价值观念与思维方式，这些才是文化的主导与内核。更加成熟地引领与服务文化生活，是实现国家治理现代化的一个重要标志。文化精神的特点在于它的长期积淀、深入民心、耳濡目染、贵在身教，不能急于求成。这方面，口号与宣示的作

2010 年 4 月 14—21 日，王蒙在台湾出席由新地文学社主办的 21 世纪世界华文文学高峰会议。

2013 年 5 月，王蒙长篇小说《这边风景》研讨会结束后，王蒙为读者签名。

用有限，非理性情绪化也于事无补，生活化与实践性强的启迪与感召会更起作用。我们应该因势利导，提倡更深入更通透的学习，倡导对于精神高峰的攀登、服膺真理的至诚，提高整个民族的认识能力、学习能力和自我完善能力，避免浮躁、肤浅、极端。

我们正在创造中国历史，影响世界格局。回首中华民族几千年的浮沉史、我党几十年的奋斗史、新中国六十余年的探索史、改革开放三十余年的发展史，所有兴衰成败的经验，物质与精神的积累，已然成为我们宝贵的"家底"与"功夫"，再加上日新月异的世界文明借鉴，有利于我们比历史上任何时期都更加能够沉下心态，走准步伐，自信从容地推进全面深化改革的历史任务。

2008 北京奥运会的文化意义 *

晚清以来，中国的有识之士，存在着一种严重的文化紧张与文化焦虑。一方面是忧虑自己的传统文化难以应对陌生的异己的世界，突然暴露出千疮百孔，是否气数将尽；一方面是怕挟着军舰大炮的强势的西洋文化会把自己的文化传统战胜与吃掉。于是王国维跳湖自杀，而严复晚年也只能是吸食鸦片。各种对于文化问题的讨论充满悲情、激动人心、争执不休。

这样的紧张性，使人进退都不好掌握。学西方（包括苏俄）学多了，怕是丢了祖宗；学少了，怕是不能自立于世界民族之林。继承传统，多了，怕是复古封建；少了，怕是丢了民族特色。直至今日，关于价值观念、关于建筑风格、关于民俗节日、关于服装、关于文艺与生活方式的有关争论不绝。

在文化上同样有反帝反侵略的严峻的斗争。有全盘西化或

＊ 本文原载 2008 年 1 月 3 日的《人民日报·海外版》。

照搬苏俄模式的主张与对它们的拒绝，也有与国粹派、封建遗老、封建迷信与野蛮邪教以及种种小生产意识的斗争。有各种文化主张：中学为体、西学为用，或反过来西体中用，以夷制夷，第三条道路，改良主义等等的大肆宣扬与争得不亦乐乎。

在激烈的斗争中中国人民选择了马克思主义，同时也培育了拿来主义，培育了马克思主义的中国化，培育了民族的科学的大众的新文化方针与实践，培育了面向现代化、面向世界、面向未来的改革开放的文化方针与成果。中国化的马克思主义，已经属于中国，同时是世界先进文化的一部分。随着经济建设的高潮的出现，随着"三个代表"重要思想与科学发展观的提出，随着构建和谐社会与和谐世界的方针的明确与成熟，出现了积极对世界开放，同时热烈地弘扬民族文化的优秀传统，直至国学热的新局面。当然对于国学热也还有种种批评和疑虑。

在这样一个文化环境下，2008 年在北京主办奥运会，并提出"同一个世界同一个梦想"的口号，其意义是非常重大的。可以说近代以来的国人的文化紧张、文化焦虑、文化对抗的形势正在发生重大的变化，中国与世界正在寻求沟通与互相认同，国人的精神资源正在迅速地扩大，我们追求的和谐社会与和谐世界正在成为一种普世的价值。我们的中华文化的主动性正在恢复。我们的文化建设的大繁荣大发展正在成为现实。

当然和谐绝非易事，某些文化冲突与文化摩擦难以避免。

对于中国的偏见与思维定势仍会长期存在。国人的某些狭隘与不文明的现象的消除也绝非开一次奥运会就可万事大吉。但是我们积极申办与举办奥运会已经说明了我们对于奥林匹克精神与原则的认同，是我们对于和平与友谊、对于重在参与、对于更高更快更强的精英理念、对于公平竞赛的世界奥林匹克精神的认同，而世界积极地到中国来参加 2008 盛会，也是对于中国的发展与进步的认同，对于中国的文化是人类文明的一个重要组成部分的认同。我们至少可以有所期待：更多的文化交流沟通互补，古老的中国文化的更多的传承、发展与更新，对于人类的更多的文化贡献，以文化和谐的期待与努力取代文化紧张、文化焦虑与文化对抗。这样的前景，经过国人的努力与善于选择，兼收并蓄，开拓创新，乃是完全可能实现的。

莫言获奖十八条*

2012 年，莫言获得了内外瞩目的诺贝尔文学奖，然后出现了各种说法。现以此为典型案例，作分析如下：

第一，诺贝尔文学奖是当代影响最大的一个世界性的奖，它有相当长久的历史，大致上有北欧的民主社会主义的意识形态背景，有一批年老的、相当认真地从事着评奖事业的专家，有相当的公信力与权威性，同时也因其不足与缺陷而不断受到质疑与批评指责。

第二，它是西方世界的主流文化强势文化的符号，从事这项评奖工作的个别专家，确实也有自我感觉良好的种种表现，对中国的文学常意在指点。中国的一些人士，则对之又爱又恨，又羡又疑，又想靠近又怕上当，既想沾光贴金扩大影响，又怕被吃掉被融化演变吃亏。有些写作人，像小蜜蜂一样地围

＊ 本文原载 2013 年 1 月 1 日的《光明日报》。

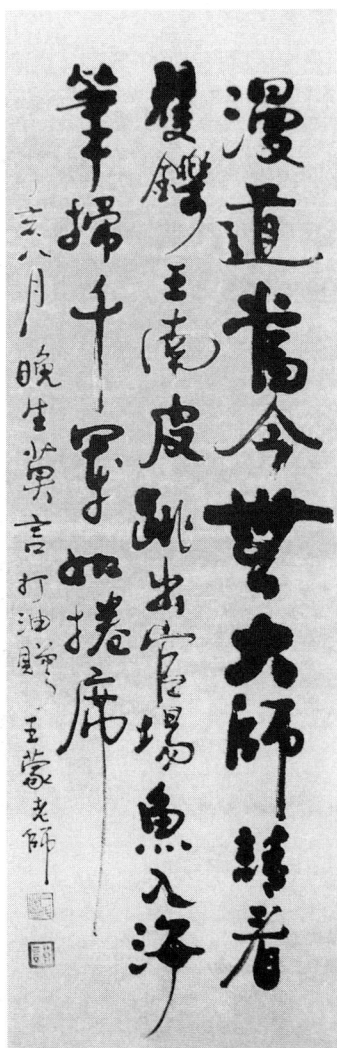

2007 年 8 月，莫言赠诗王蒙：漫道当今无大师，请看矍铄王南皮，跳出官场鱼入海，笔扫千军如卷席。

2011 年，王蒙和莫言在中国作家协会第八次代表大会上。

着被视为权威的评奖人士飞舞（语出香港作家黄维梁教授），希望通过此奖的认可来为自身加分求证添利。它反映了第三世界、正在迅速崛起和平崛起的我国，在文化上还缺少足够的清醒的自觉与自信，对外部事务的知晓也还有待推进。有时候此奖奖给了我们不喜欢的人，主事者们大怒，干脆将之否定。有时候则是可以接受的人选，皆大欢喜，说明我们其实喜欢此奖。我们可以通过莫言获奖这一好事，总结提高非强势非世界主流的古老独特文化，面对强势主流文化时的各种经历与经验教训。我们应该逐步树立不卑不亢，实事求是，明朗阳光，该推则推、该就则就的敢于正视、敢于交锋、敢于合作、敢于共享的通情达理、尊严、自信、坦然的态度。

第三，我们现在很提倡中华文化的"走出去"，一出国门，就会碰到同样一个非强势非主流文化面对强势与主流文化的问题，有时候你不想讲意识形态，但西方意识形态的代理人们揪住你的意识形态不放。有时候对方认为他讲的是并无意识形态色彩的普适价值或专业学术，但是引起你在意识形态上深恐上当的警觉，尴尬而且踟蹰为难。这方面的自觉与自信，应该落实为从容不迫与实事求是，落实为眼界拓宽、心胸扩大、知己知人，追求真理。不必花一大堆钱到处送票然后吹嘘自己进了什么欧美演出大厅；也不必一言不和便断定对方亡我之心不死。简单地说，我们要大大方方，彻底超越、摒弃、清除义和团对八国联军的心态与逻辑。当然，看到那些八国联军式的高高在上的对中国的指手划脚，也令人觉得他们还迷迷糊糊地生活在近庚子年代。

第四，文无第一，武无第二。文学是语言的艺术，是十分个性化、风格化的创造，它的接受、欣赏、评析、传播也是与受众个人的个性与风格爱好分不开。诗仙诗圣，唐宋八大家，托尔斯泰与巴尔扎克，普希金与拜伦、雪莱，哪个第一，哪个次之，岂有公认定论？奖励文学，排名次，是非常困难非常冒险的事情。但是在当今信息化、媒体化、市场化的时代，寂寞的文学与它的主体即作家们，他们中的多数人，其实相当愿意得到社会的扶持乃至炒作。与此同时，一些掌握了相当的社会资源的人士，有志于通过评奖推动文学事业，发现尚未被认识的文学天才，向受众推荐优秀的文学作品，直至从财务上支持作家并客观上支持严肃的文学出版事业，这是一件好事，是值得欢迎与赞扬的义举。

第五，文学奖搞得再好，它不是一个文艺学、语言艺术、美学、小说学或诗学的范畴，它主观上是一种文化友好加慈善的活动，最多是文化活动文化事业文化行为，不是文化创造更不是文学创造本身。客观上它已经成为重要的传播手段，是可能获得巨大成功的品牌营销，是文学的推手，当然也是已有成绩的文学家的美梦，是名利双收的大喜事，是为自己的作品与知名度进行促销的天字第一号手段。

第六，生活中常常让你觉得大奖比被奖的文学作品与作家更牛得多。一本好书出了，不过如此，大奖拿上了，响动甚巨。原因是大奖调动了社会资源，与国家、权力、财力结合在一起（如诺贝尔奖是由瑞典国王授予的，日本的芥川龙之介奖、法国的龚古尔奖、美国的普利策奖，也都有很高的规格。同样，龚古尔奖也受到为出版商谋利的批评），堂堂皇皇地闯入文学的象牙之塔（如果当真有这样的塔的话），以世俗之力去干预有脱俗之心的语言艺术。这样，各种奖被传媒与大众所十分关注。而单枪匹马的作家，没有这种实力。

第七，好的文学奖最感人的是它的伯乐作用。一个默默无闻的爬格子——敲键盘者，一登龙门，身价百倍，正是大奖最令人敬佩和感激之处。但是大奖也可能挂一漏万，也可能有遗珠之恨，也可能有看走了眼的地方，这也难免。前者我们可以举出海明威与加西亚·马尔克斯，后者我们可以举出一大批旧俄作家。对此，我们可以客观评价，既不必苛求苛责，也不必对某奖顶礼膜拜。我早就喜欢说的一句话是模仿一个电视广告词，原词是"新飞广告做得好，不如新飞冰箱好"，我的话是"诺贝尔文学奖做得好，不如文学好"。

第八，文学追求脱俗，作家与做奖，不可能绝对免俗。写作与做奖，都是肉体凡胎的人类干的活。获奖者不是神仙。奖不是天赐金钟罩或飞天成仙灵药。各种世俗生活中都有失误或缺陷，作家与做奖中不例外，这不足为奇。我愿意相信主办此奖的专家的纯洁心意，但世俗中的人的判断受到世俗因素的影响，也属正常，例如受到国际形势、国家关系的影响，受到本身的价值取向的局限，受到社会风气时尚的影响（有时候刻意地去反时尚，也是受到时尚影响的表现），受到语种与翻译的影响，受到影视戏剧视听作品的咋咋呼呼的影响，乃至存在着某种公关活动的影响等，都是可能的，都是可以理解的。同时我们不能否认关键的关键仍然是作品。没有好的作品能翻译好？能搞出好的配方？能响出动静或拉好关系？能碰上铃兰花（瑞典国花）运？离开了文学作品谈某某获奖，那都是庸人论文，是将文学奖与文学干脆八卦化。

第九，诺贝尔文学奖与社会主义国家发生过不少碰撞。苏联帕斯捷尔纳克与索尔仁尼琴的获奖，都得到了苏联当局的负面反应。但肖洛霍夫获奖，则是皆大欢喜。中国一高一莫，也是一怒一喜。同时，我们不妨注意一下，诺奖颁发也曾与美国龃龉。在我国、包括对莫言影响甚大的诺奖得主加西亚·马尔克斯，是卡斯特罗的好友，他曾长期被美国政府禁止入境，并因此受到美国作家的强烈抗议。诺奖也奖过阿拉法特的友人，葡萄牙共产党人作家萨拉玛戈、意大利左翼剧作家迪里奥·福等。我们最好不要简单地将此奖视为异己敌对势力的表演，正如不能将瑞典学者视为中国文学的考官与裁判一样。

第十，莫言获奖当然不是偶然。他的细腻的艺术感觉，超勇的想象力，对于本土人民特别是农村生活的熟悉，他的沉重感、荒诞感、幽默感与同情心，他的犀利与审丑，他的井喷一般的创作激情与对于小说创作的坚守，都使他脱颖而出。早在11 年前，日本诺奖得主大江健三郎就在北京预见了莫言将获此奖。

第十一，有人不喜欢莫言的作品，指出他写作上的某些粗糙乃至粗野粗鄙。这里有个性上的隔膜，也有言之有理的真知灼见。大奖并不能帮助作品的完善，这些评议是完全正常的，乃至是有益的。

第十二，说莫言的作品是皇帝的新衣，不如说许多庞然大物有皇帝新衣即破绽的一面。这奖那奖也未尝没有破绽，人类文明、民族传统、普适价值，吹得上了天的令人目眩神迷的说法，都不是无懈可击的。托尔斯泰大贬莎士比亚，陀思妥耶夫斯基厌烦屠格涅夫与别林斯基，都有它的道理，也都不是结论定论。

第十三，文学的魅力之一是它的可解读性，即它具有相对阔大的解读空间与分析弹性。对于一部文学作品，完全可以你解读你的，我解读我的。不能因为别人的解读不合我们的意就疑神疑鬼，也不必跟着北欧的风起舞，甚至于也用不着急于给莫言搞操行评语。至于将对莫言获奖的讨论变成对莫言的政治鉴定，责备莫言尚未做到又白又专、成为现行体制的敌手，那种立论，廉价、偏颇、浅俗、迹近疯狂，可以与将文学人一律视作黑线的"文革"重组文艺队伍论并列，堪称难兄难弟。

第十四，莫言获奖的最大积极意义在于，他使中国堂而皇之地走向了牛气十足的"诺贝尔",也使"诺贝尔"大大方方地走进了摸着石头过河的中国。所谓诺贝尔文学奖出现了真正的中国元素,也就是中国文学中出现了认真的诺贝尔元素。这与主观动机与一厢情愿的解读无干,莫言获奖意味着互相的承认。莫言在瑞典学院的讲话《讲故事的人》获得了诺贝尔所在地的知识界的好评,也全文刊登在了《人民日报·海外版》上,这太好了。它有利于民族、本土、中国特色与西欧、北美、基督教文明即所谓普适或普世的交通直至对接,用文学的夸张来说,它有利于世界和平与和谐世界、和谐社会的构建、文化的繁荣发展走出去与请进来。如果此后中国出现十个二十个更多的莫言与获奖事态,中国将会有所不同,世界将会有所不同。它的意义要慢慢地看。一些持反面看法的鼓噪者,正是力图用零和模式,用非此即彼的思路来简化世界。

第十五,诺奖开始运作以来,已经颁奖给一百多位作家,真正对文学事业产生巨大影响的人物与作品,其实有限。有人视诺奖为神明,视本土作家为粪土,这是面对强势文化的第三世界国家的文化虚无主义表现,也是十足的愚蠢与幼稚无知。

第十六,国家不幸诗家幸,在一个社会土崩瓦解之时常常会有一批影响巨大的文学人物如鲁迅出现,而另一种情况下,文学有某种边缘化的趋势。加上信息科学的迅猛发展,视听、网络的冲击,传统的严肃的文学写作目前远非一帆风顺。这种情势下的莫言获奖,是大好事,瑞典科学院对于文学事业的坚守，也值得赞扬。顺水推舟，借力打力，我们何不趁此机会多谈谈文学？

第十七，无疑，此奖是发给莫言个人的，但个人的写作有自己的语境、同行、人文环境。在莫言获奖的同时，我们想到毕飞宇、迟子建、贾平凹、韩少功、刘震云、舒婷、铁凝、王安忆、阎连科、余华、张承志、张抗抗、张炜（以姓名汉语拼音首个字母为序）等优秀作家的劳绩，我们不能不珍视、不自觉与自信于我们的当代文学创作。

第十八，一些国家自身的作家作品成就与影响一般，但他们奖项的轰轰烈烈，大大增加了他们的人文话语份额与人文气势。这对于我国热心于"走出去"的同志应该有很大启发。与其抱怨旁人，不如当仁不让。我希望，首先，中国自己的文学奖，应该办得更好更权威更有规格。奖金应大幅提高，发奖最好是国家领导人出面。其次，中国（包含委托港澳）应该举办世界性文学大奖，至少是华语文学大奖。

三、对传统文化的自信

传统文化的基本精神与意义 *

今天我就这个文化自信的问题，跟大家谈几点体会：

第一点，我想说一下，就是党的十八大以来，党中央对文化自信的问题有过许多次的重要讲话和指示，大部分都是习近平总书记亲自提出来的。比如说，提出来"中华传统文化是我们的精神家园"，提出来"中华传统文化是我们民族的'根'和'魂'"，还提出来"文化自信，是更基础、更广泛、更深厚的自信"，另外还提出弘扬中华优秀传统文化，"要处理好继承和创造性发展的关系，重点做好创造性转化和创新性发展"。这些都是非常重要的、战略性的、整合性的一些提法，因此他就给了我们一个任务，我们要探讨这些提法、我们要充实这些提法，我们要领会、讨论、联系实际这些提法。

"联系实际这些提法"是个什么意思呢？因为，文化的内

＊ 2017 年 5 月 23 日，王蒙应邀在湖南衡阳"石鼓书院大讲坛"演讲，本文根据演讲内容整理而成。

2007 年 3 月 4 日，王蒙在全国政协十届五次会议小组会上发言。

容太广泛，你要讲传统文化内容就更广泛。为什么呢？因为中国的历史很长，现在有详细的文化记载的是，我们一般说是3000年，但是呢，中国有很多学者坚持是5000年。比如说，仰韶文化是5000年，我们今天看到的蝌蚪文超过3000年，但是更详细的探讨又缺少那方面的内容，3000年、5000年这样一个历史的文化，你要探讨起来，你会相当吃力的，而且会有各种说法，版本不同，就这一个字你就可以研究上10年，这个字原来是什么字，它跟现在有很大的不同，中国这几千年当中又经历了不知多少变化，这种变化让你说不清楚，所以越是这样，我们就越要进行一些探讨。

那么，第二个问题呢，我想谈谈中华传统文化的基本精神。因为，传统文化太多了，马王堆发现的是传统文化，三星堆发现的也是传统文化，河北的金缕玉衣也都是传统文化。但是，我们所说的"基本精神"指的是什么呢？指的是长期以来，被中国人民、被中国的社会所接受的，而且至今仍然活在我们的心里头的宇宙观、世界观、人生观和价值观念，还要加上我们的一种有特色的思想、论证的方法。简单说是中国人的思路是什么，让我们探讨一下。这个题目太大，我只能简单地说一说，不可能说得很清晰，没有很大的把握，因为研究中华文化的人多，但是真正从总体上给中华文化下定义的人非常少，原来国新办的主任赵启正同志还跟我说过，到了国外，人家外国人就问，说你整天讲中华文化博大精深，你到底怎么个博大精深法？结果你要想讲清楚中华文化怎么博大精深，你讲不特别清楚，实际上，现在没有一个非常明确的、统一的说法。所以，我们在这儿做一个探讨，有一个稍微方便点的方法，就是牵扯"国学"这么一个概念，"国学"这个概念到现在也还有不同的说法，我这里不详细介绍了。

但是我最近阅读中央文献研究室副主任陈晋同志编辑的《毛泽东读书笔记精讲》，他也用了很多毛泽东主席年轻的时候对"国学"的看法，毛泽东说"国学"指的就是"四书五经"，这是一个比较简单的说法。我在这儿说的传统文化，比这个还要稍微宽点，因为"四书五经"讲的是儒学的观点，我这里还想多加点道家老庄为代表的观点。因为都知道东周时期，大约 2500 年以前，那个时期"百家争鸣"的局面奠定了中国的政治思想、文化思想、道德思想、哲学思想、人生态度的基本格局。

那么，它有几个什么特点呢？第一，我要说我的体会，为什么传统文化对中国人这么重要？因为，儒家的观念实际上是"文化立国"，孔子最重要的一个观点就是"道之以政"，"道"也就是"导"，在这里当"引导、指导"的那个"导"讲。他说"道之以政，齐之以刑"，不若"道之以德，齐之以礼"。就是说，你用政治手段来引领、用法律惩治手段来规范，这不是最好的办法。请注意孔子的特点，他是什么话都说得绝不夸张、恰到好处，他没有说这个不好，他说这个也好，不是"道之以政，齐之以刑"不好，只是不若"道之以德，齐之以礼"。更好的方法是用道德来引领人民，用礼义、礼法、礼貌、礼节、礼仪来规范人民。因此，孔子说，"为政以德，譬如北辰居其所而众星共之"，你就像北极星一样，用你的道德示范作用和教化作用来立国，居其所而众星共之。

而孟子说得就更简单一点，就是你只有在道德上有示范作用，你的政权才是有力量的，才可以得民心，进而能得天下。所以，他说"仁者无敌"，能做到爱人民，也能做到被人民所爱，你是没有对手的。由此得到了民心的王者，而不能够得到天下是不可能的。

他们说得有点儿简单，有点儿单纯。但是他们所表达的是一种政治理想。这种政治理想呢，孔子还把它叫做"王道"，而只是靠压力、权力硬搞来掌握政权，他称之为"霸道"，他认为"王道"更靠得住，因为得了民心。

这种想法在今天看来有其简单的一面，但这恰恰是孔孟希望自己的理论经世致用，不是为学术而学术，而是希望"修齐治平"，能用简单的方法概括，使各级当权的人士，使君侯大王、王公大臣等社会精英都能接受这个道理。你是好人，爱人民，人民就爱你。世道人心好了，人民就好了，犯上作乱的就少了，国家当然就好了。

所以黑格尔不理解儒家的用心，他重视老子，轻视孔子。他说孔子宣传的那一套属于小学就应该弄清楚的问题，好像没有学术高度。实际上，孔子要求的不是学术高度，而是简易可行。

在学问问题上，孟子还有一个观点，就是一开始学习的时候，清醒的头脑越来越复杂；学到一定程度的时候，你的头脑越来越简单，就看得很清楚很明晰；简单到一定程度的时候，处理什么问题都有主意，都有自己的看法。上述这样简单的论点被中国人民所热爱、接受。比如到现在还要强调以德优先。在实际生活中，任用干部人事工作首先要考虑"德"。

这里头还有更重要的问题，上述的主张里，还表示中国人的思路。这个思路，还带有循环论证的性质，就是"万法归一"，最后把它都统一起来。什么叫统一起来，就是怎么治国平天下，靠道德教化和示范作用。为什么实行道德教化就能得到老百姓的拥护和民心？因为，人性是善良的，这又是古代传统文化思想中最重要的一个观点。

孟子说，"恻隐之心，人皆有之；羞恶之心，人皆有之；恭敬之心，人皆有之；是非之心，人皆有之"。坚持人性性善，所以权力系统，执政系统，必须是善的，你在道德上要站得住。你的道德水准是政权合法性的基础。人性为什么是善的，因为它天生就是善的，这是"孔孟"的主张。孔子说，一个孩子生下来对父母就是"孝"的，一个孩子对兄弟姊妹是有爱的，这叫"悌"，一个人在家里孝敬父母，与兄弟姊妹友善，长大后犯上作乱，这种可能性很小。孔子说什么话说得都是很准确的。

中国有两个词叫"良知""良能"。"良知"就是不待教学就知，"良能"就是不待教授就有这个能力。中国还有个词叫"天良"，就是先天地有了良善的一面。中国的政治常常有"诉诸天良"这样一个手段和方式，让老百姓跟着你走，你本身在道德上要站得住。这里又有一个概念出来了。"天"是什么？像中国这样，天即是一个存在的概念，"天"本身就是无所不覆盖，"天"又是一个终极的概念，超人间的概念。譬如，天性如此，这是你所不能解释。比天还大，这也是你所不能具体衡量的，这就是"天"。项羽和刘邦打仗，项羽失败了，他最后说"天之亡我，非战之罪也"，也就是说，我打仗没犯过错误，但是我现在要灭亡，是因为天。天就是超人间的意志，"天意"这个词了不得，儒家的思想中，天意就是民意，民意就是天意，民心就是天心。甚至于中国古代到处搜集民谣，民谣都代表天意。

由于以上儒家的理论，形成了个人与社会、天与人、政治与文化的高度统一。对于我们来说，政治就是文化的手段，文化做得好，政治才搞得好。天意表现为老百姓的意愿与要求，人性与道德也一致了，政治变成了人文化的问题。当我们讨论，一个君王犯错被推翻，就会说他是无道昏君。"无道"包含了道德的意思、包含了哲学的根本规律与根本存在，就是做的事不符合民意、民心、道德。

从道家来说，认为这违背了道。道家表面上和儒家相对立，实际不见得。因为老子也是相信人性善的。他有言，学道、研究道、修道，最终"能如婴儿乎"？你还能变成婴儿吗，你如果跟一个婴儿一样，你就是世界上一个最好的人，婴儿不会侵犯别人，爱自己的父母，活泼可爱。

老子有句更深刻的话，他和孔子的说法有不太一样的地方，他说"天之道，其犹张弓与?"就是这个"天道"就像拉弓射箭一样，高的地方要往下压一压，低的地方要往上抬一抬，过于强的地方要弱化一点，因为拉弓的时候起码是四个手指头往怀里拉的，这四个手指头要保持平衡才行，所以强的地方要弱点，弱的地方要强一点。你四个手指头，小拇指的力量最弱，所以小拇指使力气要最大。当然，射箭我也不懂、我也不会，他说得对不对我也说不清楚。

但是老子说"天之道"就是抑强补弱，就是抑高举低，高的地方就要往下压一压，他说"人之道"则相反。老子很厉害呀，他说，可是现在有些人所做的事啊，违背了天道，"损不足以奉有余"，他说天道是"损有余而补不足"，就是要从那些强势群体身上刮些油水来，补助、帮助那些弱势群体，这叫天道。他说可是现在人间出现了一种不正常的情况，比如春秋战国时期，人们生活并不幸福，而人间出现这样的情况叫"损不足以奉有余"，你越穷越受剥削，这不就是"损不足以奉有余"了嘛。

所以，所有的农民起义，他们的口号、打出来的旗帜都叫"替天行道"，所以"替天行道"呢，还包含了一种革命性、造反性、造反有理性。

老子相信按天道比什么都好，老子认为最理想的境界是，你不用费那么大的劲去谆谆教导、谆谆嘱咐、事无巨细、事必躬亲，而是让老百姓按自己的思想往好处干，"功成事遂，百姓皆谓我自然"。就是掌权者办好一件什么事，而且老百姓相信是他们自己办的。这个其实很符合我们党的"群众路线"这个学说，就是让群众知道是自己解放了自己。

所以道家实际上也不否认"人性善"，他认为人完全可以达到"性善"的理想境界。虽然道家说得玄了一点，但这一点也非常有趣，就是其他国家的文化它都分得比较清楚，文化就是文化、政治就是政治，各人的私德是私事，你的社会要求就是社会要求。但是我们中国认为，你小时候做婴儿的时候是个好孩子，随着你慢慢成长，你注意到修身是让你自己有完美的品德、德性，使你的天性得到正常的发育、成长，那么你的家庭就是一个和睦美好的家庭，你到了社会上做什么事，你就是一个正能量、正分子，是一个正面的力量，然后对国家就有莫大的贡献。对国家有了贡献，最后也有定义，有利于协和万邦。"协和万邦"也是习仲勋同志最喜欢使用的一个词，就是能够在更广泛的范围内实现这种友好、和谐、成功，实现仁治、实现德政、实现王道。

所以，我们从这里头又看出了中国的一种哲学化的思路，就是我们主张"一元化"。孔子说"吾道一以贯之"，孟子说"（天下）定于一"，老子说"天得一以清，地得一以宁，神得一以灵，谷得一以盈，侯王得一以为天下正"。这个"一"的问题，我在这儿就不细细一个字一个字地讲了，因为那要费很多的时间，但"一"的问题反映了中国很多的哲学思路，就是大管小、长管短，我们一定要找到一个最根本的、最宏大的、最恒久的概念，紧紧地抓住这个概念，就无往而不利，使我们的国家更好、使我们的军事更好、使我们的世道人心更好、使我们的家庭更和睦、使我们的个人修养更美好，甚至使我们的身体更健康。

因为，老子是讲摄生的，庄子是讲养生的，孔子是讲坦荡荡。孔子最注意吃饭，他对吃饭有"十不食"，就是十种条件下的饭是不能吃的，这我都不准备细说了。孟子讲"居移气、养移体"，就是你住得正常、住得合理，你的精神气度、你的风度、你的气质才会往好的方向发展；你吃得正常、吃得合理，你的身体健康才会正常。所以他认为，天下所有道理都是相通的，是"一"。但是，不要以为"一"是独裁的"一"，是专制的"一"，是一个呆傻的"一"。

中华文化还有另一面，说是事物每天都在变化。庄子提出的"与时俱化"，就是随着时间的变化，每件东西都在变化，庄子喜欢用"化"而不是用"变"，因为"变"是看得出来的，"化"是演化出来的。

但是《周易》上孔子这一派是讲"变"的，他讲"穷则变，变则通，通则久"，所以中国的这种改革也是有根据的，是有它的传统的根源的，"穷则变"，就是说你有什么事办不通了就要变。

中国在讲"一"的同时，又留下了另外一个概念，就是"多"，中国人很讲究"多"，老子说的"一生二，二生三"，"一"会变成"二"就是"一分为二"，就是任何存在都会有自己的对立面，都有与自己矛盾的对立体。那么，有了"一"，又有了"二"，就会产生新鲜的事物，就是"三"，而中国的传统文化中，"三"就是"多"的意思，"二"有了"三"就是万通，不断地产生新的东西，你除了对立面"二"，和"二"相斗争也好、相交流也好，就产生了"三"，那么"三"和另外的"二"，"三"的本身又产生"一"，那不就是"四"了，所以他就越来越多。所以，中国还有一个说法，说是"一的一切与一切的一"，在郭沫若的诗《凤凰涅槃》中就说到"一切的一"与"一的一切"，就是面对这个世界的时候，第一是"一"，第二是"一切"，大家考虑考虑"一切"这个概念，这"一切"本来是"多"的概念，"一切"就是"多"，否则不用说"一切"，我家里有一个人，你就不用说"一切"，就是"一个人吃饱了一家人不饿"。可是中国认为"一切"首先是"一"，因为"一切"它混合成为一个整体的存在，而所有的"切"是当部分讲，"一"是当同一性讲，同一的各个部分都属于这个"一"，"一"又要包涵、要涵盖、要面对各个部分，这个我现在还没完全研究清楚，因为有的资料说"一的一切"与"一切的一"最早是出现在佛家的《华严经》上，如果在座有喜欢研究《华严经》的告诉我，它在《华严经》的原文前后是怎么写的。

那么，"一的一切"和"一切的一"还受印度的佛学影响，这是非常东方化的，尤其中文这个字也有意思，它叫"一切"，它不叫"切"，也不叫"众"，"众"在这里当然说的是人，这咱们明白，它叫"一切"。

但我感觉有趣的是，前年秋天我去美国加州访问，在旧金山做了一个讲座以后，几个朋友到渔人码头去吃饭，吃完饭了，天比较黑了，在沿着海溜达的时候，我突然看见一个大的商店，这个商店挂一块牌子，上面写着"one is all"，意思是"一就是一切"。嗯，这个世界你不要以为它分得很严格、很清楚，美国人也懂这个啊。一开头，我还以为它是一元店呢，美国人没有中国这种一元店。因为那时候我去的时候它已经关门了，后来我上网查啊，原来这是美国很有名的一家餐馆，"一就是一切"这是非常牛的一句话，就是你到我家餐馆来，就等于全世界所有的餐馆你都去过，好吃的我这儿都有，美国人都会把"一"和"一切"结合起来，真是一个很了不起的思路。

所以，中国人并不呆板，中国人经常有各种选择的余地。孔子最不呆板，孟子又说得更清晰，就是圣贤是各式各样的，中国的一个很重要的概念就是圣贤、圣人。圣人，也可以是君王，也可以不是，但一开始是君王。按孟子的定义，圣贤、圣人是谁呢？最早是唐尧虞舜夏禹，这是中华三圣，其次是周文王，第五是孔子，孔子是集大成者，但他不是君王，没有权力，他就靠他的道德、学术、思想胜任。

但是，孔子他说了什么呢？他说他最佩服宁武子，宁武子他为什么最佩服呢？孔子说，"宁武子，邦有道，则知；邦无道，则愚。其知可及也，其愚不可及也"。他所在的那个诸侯国家，那个地区有道、很有章法，君王很有水平，这个时候我就会变得很聪明，我能参政议政、贡献社会。如果我发现这个情况有点不对头，这个地区、这个小国、这个诸侯国，正在恶化怎么办呢？立马我就傻了，我两眼发直，3+2等于几，我怎么算也算不出来，而且是真的不是假的，不能装相，装相显出马脚来，就麻烦了。孔子说那个聪明劲我能学到，但是他那个该傻的时候就傻，我是学不到。

伯夷、叔齐是圣之清者也，伯夷、叔齐的特点是清高。所以周武王靠暴力推翻了商纣，我此时揣度，他们有点王船山那个劲，就是说我不能够和新政权合作，所以他躲到首阳山上采薇而食，最后饿死了，这是清高的圣人。

伊尹，圣之任者也。伊尹，是一个担当责任的圣人。因为伊尹的生活也并不容易，他取得商朝第一个君王汤的信任，是靠做饭接近了商汤的。因为，商汤喜欢美食，伊尹也研究美食，会做几样最绝门的菜，他在商汤那里就有了参政进言的机会，然后他做了商汤主要的大官，帮助商汤得了天下。汤死了以后，汤的儿子没有出息，毛病甚多，坏事，伊尹一怒把汤的儿子充军，轰到边远地区去了，名义上仍然让汤的儿子封了一个侯，但是这个侯什么权力都没有，权都在伊尹手里头。所以，当时有很多人就骂伊尹，说伊尹这个家伙要篡国、要篡商夺权，但是伊尹没有这个思想，他只是为了把国家管好。又过了几年以后，有人来报，说汤的儿子很多毛病都改了，已经重新做人了，思想改造成功了。伊尹就让他回来，把权交给他，你是君王，我是臣子，我听你的，从此老老实实辅佐汤的儿子来办事，这也是圣人。但是这样的圣人不是靠清高，不是说你表现得不好我就回去自杀算了，他是担大任者也，他是苦力。用我们今天的话说，就是忍辱负重、顾全大局，不计较个人得失，就是这样的圣人。

柳下惠，圣之和者也。柳下惠呢，我们只知道他坐怀不乱，但是他的特点就是好说话，这个人和谐，和每个人都和谐，柳下惠的特点和事迹是什么呢？他当过大官，也当过小得不能再小的官，估计比科级还小，可能是副股级、办事员这样的官，但是他从来不计较自己官的大小、地位的高低、俸禄的多少，而且他不管当大官小官，都官运亨通，践行他自己的理念——为人民办好事，这也难得，所以说柳下惠圣之和者也。

然后，孔子说："我则异于是，无可无不可"。"是"就是类似、这些，我和他们不一样，我既不是圣之清者也，也不是圣之任者也，也不是圣之和者也，我无可无不可，需要我当圣之清者也，我就当清者；需要忍辱负重，我就忍辱负重；需要我和和气气、笑口常开，我就和和气气、笑口常开。相反地，需要我采取手段，我就采取手段。孔子很灵活，所以孟子说孔子是圣之时者也，他是根据不同时间、根据不同情况来处理各种不同的问题。孟子还分析，因为孟子对孔子是最尊敬的，说孔子为什么伟大，比周文王要伟大，比尧舜禹都要伟大，因为他是圣之时者也，他出世、出山，进入行政系统、权力系统，他当官也有过各种不同的情况，有的是由于和君王政治理念、道德理念、文化理念一致，这是一种情况；还有一种情况是，君王对待孔子特别尊敬，待遇特别高，孟子从来不回避这个，说待遇这么好孔子他能不试一试吗？这么好，看他能不能实现自己的理念，不能实现我再走；还有的甚至是由于颜面的关系、脸面的关系。所以孔子做官的次数很多，每次做的时间都很有限，很多情况下就是做三个月就辞职了，就走了。

孔子还有一个故事，是他在鲁国担任司寇的时候，一次祭祀用肉未及时送到，他没摘掉礼帽就辞职走掉了。有人认为他辞官草率，但是孟子辩护说，不了解孔子的人以为他是为肉不到而走，了解他的人知道他是因鲁国人不信任他，不礼遇他而走，孟子解释，孟子也不呆板，也是非常聪明的人，说孔子为什么一次肉不好就撂挑子，就辞职，就卷铺盖了？是因为孔子在那儿发现自己不能发挥更大的作用，但是孔子又不想和君王把这个关系搞僵，不希望自己的去职成为一个政治事件，孔子宁愿把它变成一个小节上的小摩擦来处理。孔子孟子考虑问题都如此周到细致，这中国人脑子还得了，这中国人的政治经验太丰富了。

所以呢，他又有这一面，我们叫"识时务者为俊杰"，我们叫"穷则变，变则通"，我们叫"与时俱化，与时俱进"，我们叫"无可无不可"，没有绝对的不可。当然，孔子指的是伯夷叔齐那些，不是说干坏事贪腐也可，贪腐该杀头照样得杀。所以他有这一面，这样的一些东西呢，它适合中国的国情，而且，中国人用这样一种文化的精神培育了自己，所以中国的这个文化的容受能力比较强。虽然说起来这是儒家、道家、法家、名家、阴阳家、兵家、农家，又分得诸子百家，但是，它需要的都可以调和。这点，南岳衡山给我的印象也非常深，因为我们看南岳大庙的时候，它就是儒释道三者都照顾到了，中间代表的是儒家，左边代表的是佛、释，就是释迦牟尼这一派，右边这个代表的是道家这一派。

陕北有一个二郎山，我见过的最民间的一个拜神系统，它太热闹了，里面有释迦牟尼的像，有孔子的像，有观音菩萨的像，有什么太上老君，三清，道家三清的像。有这个宋朝的，曾经被掠走的几位皇帝的像，它从宋朝就开始在那修这种道。有梁红玉，就是抗金的梁红玉的像。有二郎神的像，因为它叫二郎山。又有孙悟空的像，因为孙悟空的对手是二郎神，两个像都有。又有送子娘娘的像，又有财神爷的像。一个山上能够供奉这么多各种不同的偶像，这也只有中国做得到。

我在江南的家庙当中，除了这些像以外，我还看到过别的供奉，各位猜一猜是谁的像？贾宝玉的像。为什么供奉贾宝玉呢？这也有道理。因为按照高鹗的续作，《红楼梦》最后的时候描写，不是他们家犯了事嘛，抄了家了。后来过了一段时期吧，那个罪恶最大的人，那个贾敬吧，也死掉了。因为皇帝考虑到贾家过去有很多功劳，又恢复了他们的职衔。然后这个贾政去谢恩，皇上也听说了这贾政有这么一个儿子衔玉而生，叫宝玉。说你那个衔玉而生的儿子现在什么情况？贾政就说宝玉跟着一僧一道走了，出家了，云游去了。然后皇上听了，也是慨叹一番。他说，哎哟，原来如此。然后呢，皇上一高兴，说你儿子既然出家了，我给他封一个头衔，叫做"文妙真人"。"文"，因为贾宝玉算是喜欢文学，文学青年，所以他是"文"；"妙"呢，那贾宝玉当然妙了，是不是，贾宝玉能不妙嘛。这我开玩笑的话，而且这"妙"是少女两个字组成的，是不是。所以，贾宝玉是"文妙真人"。我这儿再顺便说一下，这也是中华文化特色，中华文化特色不是君权神授，而是神权君授。是皇上让你成了仙，你是真人了。真人就是仙，皇上把你封成了仙，给了你一个"仙"的职称：文妙真人。既然是文妙真人，既然已经入了仙界，所以家里头除了供孙悟空、猪八戒、沙和尚以外，我们也可以供贾宝玉。

所以这个中国人的思想方法之活泼呀，也是无与伦比的。上述的这些说法里头，还有一个值得我们特别加以注意的，就是中国长期几千年的封建社会，其中它的落后的东西、保守的东西、专制的东西，当然是很多的，但是你如果认为中国的几千年就是一个"专制"二字能够概括的，也不对。因为事实上中国的帝王权力，它承受着一种文化与道德的监督，帝王啊，说什么就是什么，说一不二，口含天宪，生杀予夺，真正做到这一步的帝王并不多。另外真正窝窝囊囊受气的等着挨宰的帝王，也很少。大部分帝王也是起很大的作用，同时也受到文化和道德的约束乃至监督。譬如说那个很著名的历史学家，留美、有台湾背景的历史学家黄仁宇，他写的《万历十五年》。你可以看到，那个皇帝是动辄得咎，走路走快了要受批评；跳了一下，要受批评；哪个动作不妥也要受批评。

而在我们文化部的卜健同志写的《明世宗传》里面，我更看着有趣，明世宗是他爸爸的、他头一代的那个皇帝的过继的儿子，那个皇上他没有儿子，明世宗是那个皇上的侄子，所以他就过继到他这儿来了。那么他就任了皇帝之后呢？他一直有一种孝心，就是想念他亲爸爸，而且他想他这个继父就是上一代的皇帝，现在很明确，他是享受太上皇待遇，然而人已经去世了，坟墓非常大，石碑非常大，祭祀活动非常隆重。可他父亲呢？还在另外一个角落里头，坟墓小小的，用现代语言来说最多是个亲王嘛。所以他就一直想，说既然我是皇上，那我爸爸不就是太上皇了吗？就想给他爸爸争取一个太上皇的头衔和待遇，但是做不到。所有的臣子尤其是老臣坚决反对，因为这是朝纲啊，这个皇上一代一代必须明确，你不能上一代出来俩太上皇啊，这个等于天有二日，天有二日这还得了，是不是？明世宗发展到什么程度呢？偷着给臣子们送礼。简单地说，就是皇帝给臣子行贿。但是他白送了，送了半天，那些臣子原则性很强，一人，一国，只有一个皇帝，一条线儿。第二，你作为个人来说，你只有一个爸爸，既然这个是你的爸爸，那个便是你叔，是不是？这个就做不到。所以他至死也没做到。这个文化很厉害的，你别以为皇上他敢改变文化，他改变不了。

还有一件事我们看着更容易，朱元璋刚就位的时候，刚登基，第一个春天，他要犁地，要给老百姓犁地。现在泰国每年春天的时候，他们的国王、王后还要扶犁走一趟。然后（朱元璋）犁完了地，他要求雨，为天下百姓、农田农业而求雨。他求完了雨，过了好几天还不下雨，这个事情非常严重，这牵扯到他权力的合法性，因为龙王爷不听他的。这个时候他有一个臣子懂点气象，当时又没气象台，臣子就告诉他，说这回可真要下雨了。什么土润啊，鸟飞啊，什么虫子跑，蚂蚁搬家啊，说这一两天一定下雨，万岁爷你赶紧再求一次。于是朱元璋就又求，求着求着"哗"大雨就下来了。证明这个皇帝啊，当然，龙王爷他敢不听皇帝的吗？是不是。第一次没求因为你刚上台嘛，刚上台这个龙王爷对你还不够熟悉嘛，是不是。第二次你说什么就算什么，立刻就下。所以明朝就定了一个规矩，每年皇帝求雨两次。明世宗当了皇帝以后啊，事很多，这个国家事非常多。朱元璋之后的皇帝得求雨求两次，有时候也非常尴尬，因为你刚求第一次的时候，"刷"雨就下来了，雨都下来了你过三五天又求一次，你这不是撑的嘛，是不是？比如说你第六天求，求完了以后十天以内没下，你这不就更丢人吗？所以明世宗就跟臣子们商量，说我们只求一次吧，不要搞这个重复动作啦。老臣们啊，叩头流血。为什么呢？想起朱元璋来了，想起开国皇帝来了，想起明太祖来了，说太祖定的规矩，你敢改？说到这儿激动啊，那简直都恨不得当场就碰死在那啊。"有这样的皇帝，我伺候这样的皇帝，我不活了"，它到了这个地步啊。明世宗有什么办法，也照样没办法。

历代皇帝这一类的事啊多了，我就不细说了。所以说中国这种文化立国的观念，这种道德示范的观念，这种包括谏官，就是要允许给皇帝提意见的观念，对中国的文化起了相当的作用，我们没办法简单地否定它。

第三个问题我想说一下中国文化的历史命运。我说明一下，我不是专家，我的本业是写小说，我这只是读书笔记、读书感想而已。按专家们的说法，中华文化到了最高层是宋代，尤其是北宋时期，当时中国的生产力、GDP、科举制度、文学、和谐社会、小康生活在全世界都是最高的，都是最好的。元朝不好说，因为元的时间不长，又是兄弟民族蒙古族入主中原，所以是否显出颓势，这不好说。从明以来就开始显出颓势，什么原因？我想原因之一就是因为中国文化太无敌了，叫做"东方不败""世界不败"。中华文化它在当时那个地缘文化、地缘政治，它受不到任何挑战，它没有对立面，相反的都学它的，少数民族没法不学中原文化，日本学中原文化，韩国、朝鲜学中原文化，越南学中原文化，这些地方它们过去都是用汉字的。但是现在越南汉字用得越来越少了，朝鲜半岛它也取消了，但实际上用的汉字仍然非常多。像韩国的那些商店挂的很多还是汉字招牌、中文招牌，这个是这样的。东南亚很多国家受到中国的影响。但是一种文化长期停滞的时候它就会开始产生变化，一开头很美好的东西它变成老一套，一开头很有仪式感的东西它变得枯燥乏味了，走过场了，一开头大家极有兴趣的、接受的东西它就变成了陈年老醋、陈年老酱。所以柏杨用一个词，说中国文化是"酱缸文化"，酱里加点豆子它还是那酱，这缸已经搁了几千年了。它有这一面。

为什么我要说这个呢？因为现在有一种看法，我们强调传统文化，有人就说传统文化那么好，你何必要搞革命呢？你要不革命咱们现在还都是"人之初，性本善。性相近，习相远"，还都是"苟不教，性乃迁"，还都是"教之道，贵以专"，那不多好？五四也错了，革命也错了。这样的说法完全是错误的，因为中国文化当时已经停滞，已经碰到了僵化和老化的问题。尤其是在1840年以后，中国经历的已经不是文化自信，而是文化焦虑、文化危机，这才有了新文化运动，才有了中国人民的大革命，新文化运动和人民革命正是由于我们面对的是全面的社会危机、外交危机、财政危机，也包括文化危机。我们想一想，在辛亥革命前后，当时孙中山所讲的中国的处境，包括文化的处境。那比共产党、比毛主席讲得还严重，讲得还煽情。

孙中山当时是怎么说的？他说中国已经处在亡国灭种的边缘。第一，帝国主义国家会把你灭掉，让你亡国。不但亡了国，而且你会灭种。孙中山说现在的处境是人为刀俎，我为鱼肉。我们就像是鱼和肉啊，等着帝国主义的国家拿着刀切片儿啊，切丝儿啊，切块儿啊，剁馅儿啊。毛主席说中国是半殖民地。孙中山还说，中国是次殖民地，因为中国在世界上的处境不如真正的殖民地。那时候的殖民地，比如说印度，你不如印度；比如说伊朗，你不如伊朗。所以就是中国是处在一个极端危险的情况下，中华民族到了最危险的时候。

所以，我要非常强调我的一个观点，正是五四新文化运动那种痛切的反思激活了中华文化，给了中华文化以生机。尽管当时也有具体做法比较过分。正是中国的人民革命，正是以毛泽东为代表的中国共产党，挽救了中国，也挽救了中国文化。那么，1949年新中国成立以后，毛主席也提出了希望随着经济建设的高潮，掀起文化建设的高潮。但是呢，毛主席的愿望并没有能够完全实现，因为中国出现了复杂的情况。用我的说法就是，由于革命阶级斗争的惯性，使中国没有及时地调整到以经济建设为中心和改革开放的道路上来。然而，改革开放使我们的文化焕发了新的活力，尤其是中国的国际地位大大提高，使人们有了文化自信的可能和基础。我们试想一下，如果现在是甲午战争时期、八国联军时期，是抗日战争日本侵略军占领了大半个中国的时期，我们怎么可能提出这个文化自信来呢？

我们现在提出文化自信来，还要看到一点，改革开放证明了中华文化的适应能力、调整能力、自我更新的能力和把握我们的步伐的能力。这是很不容易的，因为20世纪的最后十几年，全世界的社会主义国家都掀起了改革的高潮。有的提改革开放，有的只提改革。而当时西方的一些政要，特别是卡特时期的美国国家安全顾问布热津斯基，英国的三任首相、铁娘子撒切尔夫人和美国的政治家基辛格，他们都认为改革的结果会促使苏联和东欧的政府垮台，认为社会主义改革开放唯一成功的国家是中国。事实证明，他们所说的话有一定的道理。因为中国有独特的文化，中国有应变的经验，中国有既迈大步变化又维持平衡和稳定的经验。所以这是我要谈的第三个问题，中国文化的命运。

那么第四个问题，我想谈谈中华文化建设上的一些想法。我想，文化的概念应该是非常宽的概念。按我们国内的说法，我们说的文化就是以文来教化，所谓"以文化人"。但是你要按现在世界上的说法，这文化的概念还宽得多。就是说除了原来自然存在的东西以外，一切人类的经验、积累、智慧记载以及物质成果都算文化，所以现在文化谈得非常宽。

譬如说，我来衡阳以前，在北京的衡阳朋友就告诉我说，你到了衡阳一定要到寻粉记去吃鱼粉。衡阳有鱼粉文化，这完全可以说得通；我们这儿有南岳，非常美丽，令人赞叹陶醉不已，而且有那么多历史故事跟南岳在一块儿，我们可以说这是南岳文化；我们这儿有石鼓书院，而且石鼓书院咱们是叫讲坛呢，还是讲座，讲坛是吧？现在中国各处都有讲坛文化，你要是研讨会呢？又有研讨文化。你要是征文呢？又有征文文化，都是文化啊。喝茶是茶文化，用的杯子是杯子文化。还有电子文化、录音文化、复制文化、拷贝文化，什么都是文化，这都是对的。越是在这个时候我越觉得，我们要抓几个大的条条，一个正是我刚才所说的我们要有文化精神，就是对我们最根本的、自古以来被人们所接受、至今仍然有影响的宇宙观、世界观、人生观、思想方法的选择能力，有这方面的文化精神和文化功能。

还有呢，保护我们的文化资源。如果要说到文化资源，我觉得衡阳确实是一个令人赞美、羡慕、向往的地方。我原来对衡阳知道得太少，来以前我也找了有关的资料，来到这儿呢，衡阳的同志，也对我进行了启蒙教育，我觉得衡阳让人感兴趣的东西太多了，而且它确实是一个中华文化特别突出的代表，它本身就代表了中华文化。比如说啊，中国善于把各种不同角度的文化统一起来。比如一个"天"的概念，它既是自然的概念，又是超自然的概念，信仰的概念、道德的概念。我觉得在衡阳啊，咱们这一个山的概念，一个南岳的概念，一个衡山的概念，实际上又包含这么多的概念。这里当然有信仰啊，有祝融神、有佛教的、有道教的、儒家的信仰在里面，有文化道德的概念在里面，也有某种祈祷愿望祝愿祈求的东西在里面。我们各个方面的历史，我觉得我们的历史资源极其丰富，所以我们衡阳可以把它打造成一个文化名城，其实也不用打造，衡山已经是一个文化名山，这是毫无疑问的。

但是呢，还有一个问题，我们文化的影响力、文化的软实力，如果我们作为地域文化来说，任何一种古代的文化，不管多么高明，不管作为旅游的价值多高，参观的价值多高，怀念的价值有多高，我们还要求有两条：第一条呢，就是说，你的这个文化仍然是有效的，什么叫有效的呢？就是接受了这种文化，熟悉了这种文化资源，有助于提高你的文化质量、生活质量。中华文化为什么伟大？因为这么多人接受了中华文化，保持了我们这样一个文化的血脉，保持我们文化的历史。我们有几千年文化的历史，尤其是我们的文化还能够和现代化对接，但是又不是照抄西方的现代化模式，而是走的中国特色现代化道路，显示了我们的文化的力量。如果我们的文化不能推动中国走向现代化，如果我们的文化不能发展中国的社会生产力，如果我们的文化不能够有助于实现全面小康，那么你光就文化说文化那是不行的。

而且我觉得我们非常明确，我们是 21 世纪的社会主义的中国，我们是 21 世纪的在中国共产党领导下的中国人民，在这继承和弘扬传统文化。我们不是清朝的臣民，在那接受传统文化；我们也不是唐朝的臣民在那接受传统文化，虽然盛唐时期情况非常好，我们是在 21 世纪，是迅速地走向全面的现代化的、走向社会主义的全面小康的这样一个国家的人民在接受现代化。

我还想提一点呢，就是我们目前各地在文化的发展上，有时候比较着急，但是文化这东西相对发展得要慢一些，它有时候比那经济的发展还慢一些。比如，我们经济有三十多年都是两位数字的百分比的成长，文化不好说，有时候你太急于求成的话，反倒未必能做得好。

那我有什么正面建议呢，我也有一些建议，第一，我们文化不但要有文化的资源，而且要有对这些资源的研究，这方面的学术的发展；第二，我觉得我们衡阳有一个特别好的条件，我们这儿有十二所高等院校。地级市里有十几所高等院校的并不多，包括有些副省级的也是，我都去过，它都不见得有这么多，因为它毕竟不是省会，你要是省会还不一样，等于全省的资源都在那里，教育抓好了，这是文化的根基。我们现在谈的文化可不能按中国的行政划分，文化部管的只是文化里的一小部分，教育也是文化，最广泛的概念是文化。我觉得把我们这个教育做得更好，然后当然我们对资源应有的宣传、应有的保护、应有的发展这个力度也可以增强，尤其现代社会这个旅游的发达，对于开发我们的文化资源、形成浓厚的文化气氛，也有很大的好处。

第三，也没有什么很新鲜的，但我觉得也很重要，我相信咱们衡阳这边也完全可以做到，就是这个阅读的活动、读书的活动。现在连总理的政府工作报告里头，每年也都提出这个阅读活动来，如果说我们在这阅读方面能够再加一把劲，使我们这个石鼓书院的传统、湖湘文化的传统、湖湘学派，尤其是儒学里面的湖湘学派的传统，真正显现出来那种阅读和求学的盛况，那也是一件很了不起的事。

最后就是说我们还要有一点自己的文化产品，你比如说同样是旅游，有时候作为旅游，我们的文化产品，我们跟国外的一些著名的旅游景点，你跟它比一比，你会看出来我们还有一些文化含量不够的地方，尤其是不能够走那个迷信的路子，走那个返古的路子，我们要有自己的创造、自己的文化产品。我相信在衡阳市委市政府的领导下，在大家对衡阳的文化遗产高度地珍惜也充满自信的情况下，我们衡阳一定可以成为一个文化的名城、一个文化的名区，一定能对中华文化的复兴，为中国梦的实现做出突出的贡献。

【以下为现场互动环节】

听众：王老师您好。您对中国传统文化艺术的研究、保护和弘扬做了大量的工作，请您就此谈一些看法，好吗？

王蒙：传统文化艺术，对吧？我想这样，这近十几年以来吧，我们国家对文化建设，对传统文化的弘扬和发展，可以说提得越来越多，而且它有一个很有意思的现象，就是它确实获得了人民的响应。在学校里，在街道上，在图书馆里，在各个方面呢，大家也表现得相当积极。

说明中央关于弘扬传统文化，加强文化建设，增进文化自信的主张是得民心的，是符合民意的，但是我的看法是什么呢？就说我们一定还是要分清精华和糟粕，我们不要忘记习近平同志所说的创造性的转化和创新性的发展。创造性的转化和创新性的发展，第一，就是我们要分清精华和糟粕，例如封建迷信的东西，我们绝不能够随着传统文化把各种迷信恢复。为了这个，我们在 21 世纪一个科学进步发达的时代，绝不能搞迷信。

第二，有些原来的发展受局限的东西，我们也不能够就屈从于这种局限，我们对于五四新文化运动的成果，对于中国革命文化的成果，对于改革开放的文化成果都应该同样地加以珍惜，这是一个想法；还有一个想法就是有一些形式的东西、急躁的东西，唯独怕文化跟不上去，于是就有点东一榔头、西一棒子地乱撞，就是像我所说的反正什么都是文化。老子究竟是安徽的还是河南的争个不休，李白究竟是湖北的还是四川的，也争个不休，然后争到西门庆究竟是哪儿的，他们要弘扬西门庆文化，我就不说不雅的话了。然后潘金莲是哪儿的也要争，最后现在一直争到孙悟空是在哪儿出生的，那孙悟空是石头缝里头蹦出来的，但是他说石头就是我们这儿的这块石头。像这样的争论，这样的文化，这种文化争论，它更多地标示的是我们的文化缺失。所以我们还是要从教育做起，从读书做起，从学习做起，要用更长远的眼光来看待一个地区、一个城市乃至于一个人的文化的素养、文化的内涵。我的看法就是这样。

主持人：时间关系，我们就再请一位观众提问题吧。好，哪位？请举手，好，中间那位女士。

观众：王老师您好！您参加过各种论坛、讲坛，请问您对我们衡阳如何办好石鼓书院大讲坛、国学讲坛，有哪些好的意见和建议呢？谢谢。

王蒙：这个石鼓书院讲坛的举办本身就是一个令人鼓舞的事情，我相信石鼓书院是完全有可能办得更好。我们要提倡一种，就是说，在我们这里讨论国学，我们不仅仅是为了古代的学问而讨论，而是让它能够联系实际，能让它接地气，能够和我们今天的世道人心结合起来，和我们今天发展的任务结合起来。我也看过一点对湖湘文化的说法。譬如说，湖湘文化是最重视经世致用的文化，我觉得这是一个好事，而且我认为，我们可以叫国学讲坛，但是我们讲坛的内容是可以扩展的，譬如我们现在介绍西方的一种文化流派，你完全可以在这儿讲。为什么呢？你有比较才有鉴别，有交流碰撞才有发展。钱钟书他有一句很有名的话，就是"东海西海，心理攸同；南学北学，道术未裂。"所以我们这个石鼓学院的讲坛，在传统文化的基础上应允许突破国学这个范围。也可以讲，譬如说最新的科学成就，中国的科学成就不得了，最近的这些，能源上有科学成就，航天上有科学成就，生命有科学成就，有很多很多的科学成就，也可以讲，这样的话只有丰富了才能够长久，我们石鼓书院讲坛就会越办越好，越办越热。

发掘传统文化资源，充实价值认知 *

 非常高兴有机会来讨论社会主义核心价值观的话题。首先我认为，核心价值观的提出具有特别的意义，这一点毋庸置疑。我们国家自改革开放以来，生产力不断发展，生活方式不断变化，人民生活水平日益提高，可以说中国正在日新月异地发展。但是在这种面貌一新、前景看好的同时，也出现了一些纠结和新的问题，一些令人感到忧心忡忡的事情。譬如干部作风问题尤其是贪污腐败，社会上一些冲击道德底线的事件，也包括一些日常生活中出现的道德问题，以至于我们的传媒需要不断讨论：如果碰到一个老人摔倒在地上，应该不应该把他扶起来？似乎现在这已经成为一个大的问题。

 这未免让人感到忧心，使我想起了孔子的一句名言，他

---

* 2014 年 9 月 3 日，由中宣部指导，光明日报社、中国人民大学、中国伦理学会共同主办的"核心价值观百场讲坛"第六场在国家图书馆举行。本文为王蒙在该讲坛上的演讲。

说："德之不修，学之不讲，闻义不能徙，不善不能改，是吾忧也。"意思是："不注重自己的道德修养，不讲究学习，听到正义之事不去实践，知道不对的地方但是不去改，这是我所担忧的。"

这是一种什么忧虑呢？用一个传统的词讲，这是一种对世道人心的忧虑。生活中我们有很多忧虑，比如说蜗居带来忧虑，婚姻引起忧虑，环境污染也引起忧虑。但是除了这些忧虑以外，孔子认为人最应该忧虑的是什么呢？是世道人心！我们想不到，孔夫子在 2500 年前说出来的这些话，也仍然适合于现在，我们今天仍然有这个问题。即使我们的生活水平在提高，生产在发展，改革开放也在往前推进，但是世道人心如果老是出现问题的话，我们不可能不忧心忡忡。

在这种情况之下，党中央高度重视当今的世道人心问题，高度重视我们的精神生活，高度重视社会主义核心价值观的研讨、宣扬与教育，倡导富强、民主、文明、和谐，倡导自由、平等、公正、法治，倡导爱国、敬业、诚信、友善的价值观。这些价值观一方面同我们的关系非常密切，另一方面还有一个问题，就是能不能使我们对价值的认知更丰富、更充实、更深刻、更心贴心，这是目前值得我们大家讨论的问题。

价值观的培育和践行，它的依据是什么呢？这个价值观不是想提就能提的，好话还有很多，比如谦虚、谨慎、廉洁、孝顺等等。但是，核心价值观的这些提法，并不是单纯地从理论上，或者是从书本典籍里，或者是从国外的说法上得来的，它的根据是历史、文化、生活，是人民，尤其是人心。人心里面本来就有一种价值观念，有对于好坏、善恶、美丑、真伪评判的一杆秤。核心价值是从人心当中提炼、挖掘、概括出来的，然后又经过社会精英，经过中央，经过许多有志于培育世道人心的人士的研究，使我们核心价值观能够概括得比较准确，比较合乎实际，能够成为社会的凝聚力，成为我们民族的一个凝聚点，成为我们的社会共识，成为我们社会认知的一个最大公约数，成为我们的生命线，就是我们能够分清好坏、善恶、美丑、真伪。

所以我们要想把核心价值倡导好、讲述好、讨论好、学习好、践行好，就得想办法去探索人心，发掘人心，优化人心。价值认知要到我们心里面去找，而不是从文件上找，不是从书本上找，更不是从海外的说法里去找，要从我们自己的灵魂里面去找！我们人心里面价值的积淀、价值的基因，已经成为我们价值选择的根基，甚至变成了我们中国人的一个本能。几千年来，中国传统文化影响了我们一代又一代，对人心的影响，潜移默化、陶冶熏染教育，可以说是无法估量的。所以我提出一个口号，叫做"人心可用"。

我们要看到人心当中积极的东西，看到人心当中善良的一面，与现在提倡的社会主义核心价值观对接起来，就可以大有希望。这些东西离不开我们传统文化的影响和熏陶，不管我们对传统文化做过多少批评，做过多少反省，但是实际上在人心当中传统的影响仍然还明晰地存在着。我们对自己的民族、传统，不能骂倒一切。人心中的积极因素是我们倡导核心价值观的基础，人心中的积极因素来源于中华传统文化，来源于五四时期开始的新文化，还有以井冈山、延安为代表的革命文化。

今天我着重谈的是传统文化，但是我在这里必须要说一点，因为现在有一种观点，就是一提倡传统文化，就认为中国的传统文化好得不得了，后来新文化运动、革命文化把这么好的传统文化破坏了。这种观点是错误的！今天我们应该阐述这样一种观点，就是要把中国的传统文化，和五四以来以民主、科学、爱国为代表的新文化，和以延安精神、井冈山精神为符号的革命文化，整合起来，而不是对立起来。

中国传统文化历史悠久，深入人心

近现代以来，由于我们国家碰到了前所未有的情况和挑战，传统文化也遭受了巨大的挑战和考验。有识之士对于我们传统文化中的某些停滞和封闭，以及带来的严重问题，做出了严肃、沉痛的反省和批判。国人在吸收世界现代文明的基础上，尤其是在吸收马克思主义的世界观、历史观、价值观的基础上，正在完成马克思主义的本土化。我们吸收马克思主义反省我们自己的传统文化，这是事物的一个方面；将吸收马克思主义和传统文化对接起来，这是事物的另一方面。所以马克思主义的本土化，大家都已经看到了，这已经是我们的共识。而传统文化，与现代化、全球化，还有迅速发展着的文化的地域化、民族化、本土化也正在结合起来。一方面，我们要吸收全世界各种好的东西，在现代化和全球化的路上不管碰到多少问题，都不能停止。另一方面我们在坚持革命的文化、批判的文化、雄辩的文化的同时，还要向复兴与创新的文化、渐进与包容的文化、正能量的文化发展。我们现在更提倡的是建设，更提倡的是正能量。过去在我们很多政治运动里面都强调"破"字当头，但是今天，包括核心价值观的讨论，我们是"立"字当头，目的不是简单地为了推翻某些东西，而是要在推翻、否定某些东西的同时，来寻找最值得珍贵的东西是什么，值得大讲特讲的东西是什么，我们人心当中最美好、最积极的东西是什么。

也有人提出来，说是从鸦片战争以来，传统文化就屡遭挫折，屡遭批判，屡遭嘲笑，因此我们的传统文化很悲惨，甚至中国人已经忘掉了自己的传统文化。其实情况并非如此。在班固的《汉书·艺文志》里面就引用了孔子的话，他说"礼失而求诸野"。孔子说，表面上看周礼已经不存在了，已经失落很多了，但是在野的老百姓当中并没有流失。也就是在广大的老百姓当中，仍然还保留着古道热肠等古老而美好的人际关系的文明。其实中国就是这样的，几千年的传统文化，不是说批

2015 年 1 月，王蒙在国家图书馆举办的部级领导干部历史文化讲座上讲《天下归仁》。

判一下、骂一下、叹息一下就没了，它不会的。

我们可以随便举一个例子。以地方戏为例，忠孝节义的思想经常有之，特别是在农村地区，深入人心。戏里面忠奸是分明的；有节操的人和投机分子是非常分明的；讲正义、讲道德、讲义气和卖友求荣、卖主求荣的卑劣小人、奸臣还是分明的。老百姓很讲究这个。我们现在讲德才兼备、以德为先，这就是中国的传统文化。中国人认为修身是齐家、治国、平天下的前提，每一个人的道德修养是权力合法性的来源，"为政以德"这是孔子所倡导的。我们现在讲德才兼备、以德为先，这样的干部路线仍然为人民所认同；艰苦奋斗、勤俭持家仍然被人民所肯定；清正廉明、刚正不阿、劝善诫恶仍然被人民所拥戴，感恩图报也是中国的传统；"涓滴之恩，当涌泉相报"，每次看到这个话，我都几乎落泪。清廉的故事就更多了，还有杀身成仁、舍生取义、善有善报恶有恶报，这些观念都是中国人喜欢的，流芳百世。

现在这样的事仍然很多。我一个老朋友的妻子，兄弟姊妹5个，她是最小的孩子，家里有一个比他大二十来岁的大哥。她父母临死时嘱咐大哥照顾几个弟弟妹妹，大哥向老人做了保证。然后他大哥自己打工赚钱养家，一直没有结婚，因为没有人愿意带着四个弟弟妹妹过日子。后来四个弟弟妹妹全部都上了大学，全部有了工作，也都成了家。在他本人快六十岁的时候，把弟弟妹妹都找来了，说："我今天找你们来，大哥要告诉你们一件事，我想结婚。"他的弟弟妹妹们立刻就给他跪下了。我听着这个故事，真是热泪盈眶，用现在的观念或许会说，"你对自己太残酷了，你成家立业合理合法"。但是无论如何中国人重然诺，尤其是对父母重孝心。这样的人、这样的事，我们要从人心中发掘。反过来不忠不孝、贪污腐败、卖友求荣、投机取巧、花天酒地、阿谀奉承，这样的行为被国人所不耻。

中华文化仍然是一个富矿，从中能够开垦出更多资源，能够丰富我们对于社会主义核心价值观的认识和体悟。我们可以从儒家的仁政、王道，即政治文明中加深对于富强、民主、文明、和谐的理解；从恕道、礼制、老庄的学说中加深对于自由、平等、公正、法治的理解；从仁的教育、美德的重视中加深对于爱国、敬业、诚信、友善的理解。

传统文化是有待于进一步开发的重要精神资源

社会发展这么快，变化这么快，但我们精神上的资源并没有很好地开发，所以出现了世道人心的问题。发展以后，人们到底是更可爱了还是不可爱了，我们无法不面对这样的诘问。这方面我们可以从传统文化中挖掘出很多精神资源。

第一，天下为公，世界大同。中华传统文化的最高价值理念，古代的中国梦就是大同。"大道之行也，天下为公，选贤与能，讲信修睦"，这是《礼记·礼运》篇里讲的"大同"，是 2500 年前非常高级的中国梦。这个中国梦是什么梦，是直接通向共产主义和社会主义的梦。不仅孔子儒家学说这样讲，道家学说同样也有类似的讲法。"天之道，损有余而补不足；人之道则不然，损不足以奉有余。"老子认为，有余的应该稍微往下压一压，要帮助那些弱势的人和群体，这个也是通向社会主义的思想。老子此话客观上带有为被压迫被剥削阶级说话的性质。天下大同的观念，落实为我们的价值认证的共同性，甚至于它是整个中华民族团结起来的一个重要的理念。孙中山先生当年的理想，也提出来"以建民国，以进大同"，他也把"大同"当做最高的理想。

还有老子的无为而治的最高理想，其实与国家消亡了、政党消亡的共产主义理想是遥相响应的。与欧美许多地方不同，中国的知识界比较容易接受共产主义，这并非偶然。

第二，价值在哪里？传统在哪里？我们讲道德、讲仁义，它是一种心性之学。首先学什么呢？首先要学着把我们的心治好，把我们的心培养好，把我们的心陶冶好，把我们的心塑造好。价值成为心性，心性充满价值认定，达到高度的自觉和自律，达到慎独的状态。即便是一个人独处，也要用自己所信奉所接受的价值观来行事来选择。如果建立了以仁义为特色的心性，它就从根源上消除了荒谬，消除了反人类反社会的种种可能，消除了黑暗和愚昧。

从小到大，由内及外，从家庭、从孝悌开始，做到忠恕、恭谨、诚信，以仁统领精神走向，用孔子的话就是"吾道一以贯之"。用马克思的话，就是目标始终如一。一个是从结构上看，仁义道德是核心；一个是从发展上看，对于仁义道德的坚持恒久如此，这都叫做一以贯之。以一个核心的观念把价值选择、价值坚守贯穿起来。

我们当今的价值倡导与核心价值观的研讨和发扬，成败的关键在于能不能把我们所提倡的观念与人民心中的好恶臧否、真情实感结合起来。价值观不能仅仅是一个讨论的话题，更不能仅仅是一个举手表态的话题，而是一个心性的话题。难道你不追求和谐而是追求恶斗？难道你不坚守仁义而是要纵容狠毒？难道你不捍卫自由而是乐于压迫或被压迫？难道你不希望爱国而是诅咒自己的家国家园？所以价值观的关键在于，把宣扬的观念与人民心中好恶臧否的真情实感相结合。

而为了和人心相结合，就要从传统文化中开掘资源，而同时又能够做到像小平同志所说的"面向现代化、面向世界、面向未来"。我们所寻求的价值，不是自己封闭起来的价值，不是一个浅显的价值，而是带着这些价值，带着我们这种美好的心性向全面小康发展，向改革开放发展，向现代化发展，不是停滞，不是复古，而是开拓与创新。

第三，仁、德、礼、义、廉、耻的治国思想。"为政以德，譬如北辰居其所而众星共之。"仁政与礼治的提倡，王道与霸道的区别，这对我们今天仍然有很大的意义，这正是我们所讲的政治文明。中国过去说，"身正则天下正"。我们国家历史上虽然在权力的制衡方面没有一套监督的成功经验，我们一直都在讨论怎样能够实行有效的监督，对权力的监督。但是看中国的历史，中国的道德监督、文化监督仍然是存在的。不要以为皇帝想干什么就干什么，不是这样的。如果看黄仁宇的《万历十五年》，你们会大为惊奇，皇帝其实很难办，他有时候想解决一件事儿，底下老臣跪一片，全反对。所以这种文化监督、道德监督是中国政治的一个特色。当然，不能满足于此，我们还必须有法制的监督、权力的监督。仅仅是对于道德的强调，不足以解决我们面对的许多问题，但是有积极的教育意义。古代说"身正则左右正，左右正则朝廷正，朝廷正则天下正"，就说明我们一直要求执政者能够起道德的示范作用，我们认为执政者首先有教化的义务，这是中华政治文明的核心主题，就是执政要教化、要示范。今天来说，越是干部越要成为践行社会主义核心价值观的模范。老子也讲"行不言之教"，也就是今天人们所说的身教胜于言教。权力要关在法律与制度的笼子里，也要关在道德与文化的笼子里。

传统文化中在这方面的一些美好的词句、说法和思想太多了。比如孔子说"不义而富且贵，于我如浮云"，孔子还认为能做到"博施于民而能济众"，那就是圣人。老子也是最反对贪腐、纵欲，他说"五色令人目盲，五音令人耳聋，五味令人口爽，驰骋畋猎令人心发狂"。老子还说"我恒有三宝，持而宝之：一曰慈，二曰俭，三曰不敢为天下先"。慈就是爱民，俭就是节约。"不敢为天下先"，老子说的是权力系统，就是在老百姓还没有认识和尝试，没有足够的经验的时候，上边不要出什么幺蛾子。仁政王道，虽然不能完全符合现代化社会的需要，但也不能用虚无主义对待，而是要从中挖掘好的东西。

第四，中庸之道。中庸之道就是事事恰到好处，准确正常，过犹不及，用现在的语言来说，就是反对极端主义，反对恐怖主义。

第五，"反求诸己"，从我做起。看到有些人，对公共交通、食品安全、医患关系等大骂一通，但是自己做得怎样呢？从来没有反思过。孟子说"行有不得者皆反求诸己"，孔子说要"见其过而内自讼"。意思是如果看到什么事做得不好，先自己内心进行思想斗争，自己来告诉自己应该怎么做，不要碰到点不好的事就先骂别人。孔子说"仁远乎哉？我欲仁，斯仁至矣"，"为仁由己，而由人乎哉？"做到做不到是由自己决定的，不是由别人决定的。这个让我联想到法国哲学家萨特，他说，每个人都有自由选择的可能，你选择、你存在、你负责。

《诗经》中有"唐棣之华，偏其反而。岂不尔思？室是远而"。有人以为这是爱情诗，孔子把这个诗解释成个人修养的诗。孔子说，"未之思也，夫何远之有？"他用这个唐棣之华，也就是一种美丽的花来比喻美德，他认为，你自己还没想还没追求就说那个花远得不得了，其实你要是向往，这个花就在你心中开放了，你就离美德不远了。

冉求对孔子说，我不是不喜欢你说的那些道理，我力气不够，实现不了。孔子回答得很好："力不足者，中道而废。今女画。"意思是，如果力道不足，只实行了一部分，是可以的。可是你压根儿就没做，我的要求你并没有开始做起来，怎么能说力量不够呢？孔子的这些说法，特别可贵。我们古代先贤在这些方面的说法还有很多，这些对我们的启发都非常大。

把弘扬传统文化与改革开放创新结合起来

我们看到了传统文化中深入人心、深得人心的价值认知，我们看到了传统文化中爱人、济众、亲民、义理、仁政、温良恭俭让的内容，它们有助于我们实现富强、民主、文明、和谐，自由、平等、公正、法治——中国人理想的政治文明。天下为公、恭谨、礼制、信义、忠恕、己所不欲勿施于人的内容，有助于爱国、敬业、诚信、友善的实现。

但是我们不是复古，不是照搬传统，不是向后看，不是否定五四新文化运动，更不是否定革命文化，也不能把弘扬传统与面向未来面向现代化对立起来，我们是以发掘传统文化资源的路径充实与丰富我们对于社会主义核心价值的认知。这本身既是对社会主义核心价值观的认知的丰富，也是对传统文化创造性的发展与转化，它使我们对于传统文化的认知进入一个新高度。

总体来说，我今天给大家讲的话归结为四句，每句四个字："人心可用、世道可兴、传统可取、开拓可新"。首先我们要相信我们的人心，相信我们的人民，相信我们的民族，我们人心当中能挖掘出最美好的东西，能和我们的核心价值观对接与吻合，这样我们的世道，我们的社会主义，就会更加兴旺与发达。我们的传统是可取的，其中有许许多多能够感动、教育、说服我们的美好东西。我们的目的不仅仅是重复老话，背三字经，或者是穿汉服，我们并不是向后看，我们对传统文化的认知，对传统文化的精华，包括传统文化的缺陷不足，都要有一个符合我们现代标准的认知。我们的目的还是为了中国特色社会主义道路的成功，为了全面小康的成功，为了我们伟大的民族复兴的成功。所以我们的目的仍然在前面，应该向前看。

向人心喊话 *

核心价值的宣传，一直备受重视。我以为，这是对于世道人心的喊话。

孔子说："德之不修，学之不讲，闻义不能徙，不善不能改，是吾忧也。"

同样的课题，两千五百年后的我们也面对着。

就是说在发展与改革都迅速进行的条件下，我们需要精神上的稳定与光明，需要一种精神的清晰：什么是好，什么是坏，什么是理念，什么是底线，什么要称赞，什么要避之唯恐不及，不能糊里糊涂。

就是说，我们要做好人，树好心，做好事，不能作恶、做贼、作伪、做违法乱纪、做倒行逆施。

贪腐是使不得的，干部只能做清官，不能做贪官。假公济

私是使不得的，偷工减料与偷奸耍滑是使不得的，人人要做得到敬业与诚信。害人的事是不能做的，人应该友善待人。而爱国与否，更是含糊不得的大义所在。

价值观不是凭空制定的，公道自在人心，价值自在人心。

自由平等公正法治的标示，表现了有中国特色的社会主义现代化道路已经成为社会的共识。社会层面价值建设的这八个字传承了天下为公与成仁取义的中华文化传统，总结了从旧民主主义革命到新民主主义革命，再到新中国的社会主义建设的中国的历史实践与人心所向，弘扬了中国人民面向现代化、面向世界、面向未来的历久而弥新的创造性的追求。

富强，则是鸦片战争以来世世代代中华有识之士的梦寐以求，是近一二百年以来的一座血泪丰碑。民主与法治，文明与和谐是富强的前提与保证，是发挥巨大人口的积极性能动性而又为迅速乃至超速发展减震的关键。文明与和谐同时满足的是我们的历经半封建半殖民地的贫穷落后愚昧无知与各种锻炼考验后的精神饥渴。

"恻隐之心，人皆有之；羞恶之心，人皆有之；恭敬之心，人皆有之；是非之心，人皆有之。"核心价值的根源在于孟子所强调的人心，要向人心喊话，要贴近与引领人心。价值建设的关键在于与人心的对接。"礼失而求诸野"，中国人心的传统文化积淀仍然根深蒂固，同时要进行创造性的转变与创造。

更要珍惜五四以来新文化运动与中国人民革命的种种经验教训与文化成果。而最最重要的成果是改革开放，走向社会主义的现代化。人心可用，世道可优，传统可取，现代化的目标正在靠近。我们在价值建设上的工作可以做得更深入更亲切更融会贯通。

传统文化的认同、弘扬、创新与发展 *

习近平同志关于文化自信的系列论述，标志着我国文化建设取向上、认识上、格局上正在走上新的台阶。两办文件充实了、推动了我们的文化工作与文化部署。正如当年毛主席所预见："随着经济建设的高潮的到来，不可避免地将要出现一个文化建设的高潮。中国人被人认为不文明的时代已经过去了，我们将以一个具有高度文化的民族出现于世界。"

我们要做的是：用世界眼光、中国特色、现代观念，理解与选择、传承与弘扬、创新与发展中华传统文化的精华，总结中华传统文化充满辉煌与能动、焦虑与挫折的悠久历史与经验教训，使之凝聚成实现中华民族伟大复兴的中国梦的深厚精神

---

　　* 2017 年 3 月 19 日，中央党校文史部联合中央党校哲学部、中国实学研究会、中华炎黄文化研究会、国际儒学联合会以及领导干部国学促进会，共同举办了"文化自信与伟大复兴——学习贯彻《关于实施中华优秀传统文化传承发展工程的意见》座谈会"，本文为王蒙在座谈会上的发言。

资源与动力。

一、性善论是一个基础，一种情操，也是一种信仰，一种诉求。中华传统文化诉诸良知、良能、良心，即天良。把诉诸天良的信仰性，诉诸道德的正义性，诉诸民心的人民性与为政手段的文化性结合为一，可以称之为中华文化中以善德为主线的"一以贯之"。

当然，天性的善良仅仅是一个基础，这种人性的基础还要靠后天不断唤起、培养、深化，所以说中华文化是尚文、崇德的文化。而全面治国理政，同时要靠经济基础、政治文明、国家机器、国防实力，靠科学、智慧、技术、法治等方面的全面强化和完善。

二、中华文化强调整体性、混一性，叫做尚一、尚同。中华文化寄希望于一个无所不包无往不胜的大概念：天下定于一；天得一以清；道生一、一生二、二生三、三生万物。中华文化的一二三论，是从一元到多样杂陈。中华文化理想是：认同多、包容多与代表多的一，与认同一、认同共同性与整体性的多的结合。

照搬西方多元制衡观念与设置，在中国行不通，但是坚持一元化领导的中国，加上更完善发达的民主集中制，有可能、有希望实现一与多的平衡，实现道与政（术）、德与法相和谐，实现对于权力的文化监督与道义监督，实现依法治国和以德治国的互补性与稳定性。

三、中华文化强调苟日新、日日新、又日新，叫做自强不息、厚德载物。正是这种积极求新进取、因应变化的文化精神，使得西方一些政要在改革开放初期就看好中国，而看衰当年的苏联、东欧。

一方面是"天不变，道亦不变"，"以不变应万变"；另一方面是"与时俱化"，"识时务者为俊杰"，"无可无不可"（孔子），还有"咸与维新"，"圣之时者也"（孟子评价孔子）。中华文化的特点是在尚文尚一的同时尚化。

四、中国文化有某种早熟特色。例如不争的观念，无为的观念，谦让的观念，虚静的观念……它们有妨碍竞争创新、优胜劣汰的消极面，但同时，这些品质也可在某些情况下成为优胜策略（例如邓小平倡导的"韬光养晦"）。

同时现代性所带来的身份认同危机、私欲膨胀、环境恶化、竞争的某些恶性歧途、发展的某些异化、科技成果带来人的体能智能退化……也正在成为全世界后现代尤其是左翼学人关心的课题，他们完全可以从中华传统文化的主张中获得有益的启示。

五、在强调传统文化的同时，要维护五四新文化运动确立的基本方向，维护鲁迅精神，维护人民革命的精神成果，维护马克思主义的本土化即毛泽东思想，维护改革开放。关键在于对于现代性、全球化的正面思考与立论，对于中华文化传统的理解与珍惜，对于时代特色与全球化的理解与积极因应，对于文化爱国主义的调动与完善。尤其是要珍惜中国特色社会主义的理论与实践，珍惜社会主义核心价值体现的传统与现代、中国特色与面向现代化、面向世界、面向未来的胸怀的结合。不能偏执搬洋，也不能盲目复古。

现在各地针对道德滑坡提倡传统文化，搞儿童诵经、好家庭好儿媳评选、传播"二十四孝"等等，用意可嘉，但其中或有宣扬旧理朽说之内容，与五四精神、革命成果、现代观念背道而驰。还有人过度鼓吹民国，否定人民革命，否定改革开放。这些都需要引导把握。

中华传统文化博大精深，精华和糟粕共存，要把其中的优秀精华一代代继承弘扬，并非易事。文化难以截然划分黑白，但是近两百年来我们从来没有停止过对各种文化思潮、文化遗产的选择区分。我们处于 21 世纪，是中国共产党引领学者与人民拓展与发掘我们的精神资源，在走向全面小康的过程中弘扬发展传统文化，而不是以古颂古，为学而学。我们需要加强对于传统文化实现创造性的转化与创新性的发展的研究设计。我认为创造性转化与创新性发展的关键在于传统文化与社会主义现代化的对接。

六、文化自信是根本的自信，是中华民族几千年发展与挫折的经验基础上的自信，是中国人的文化基因和身份，是面对各种异质文化时能给我们自己以定力与清醒的自信。

我们要在全球化时期珍惜、完善、提倡中华风度与中华生活方式。我们的风度与生活方式在于仁厚、谦和、淡定、平衡、中庸、适度。同时也需要了解"东海西海，心理攸同；南学北学，道术未裂"（钱钟书）这一面。我们要提出推动全球治理的中国命题、中国语言、中国解释，让中华传统文化在我们这一代人手中与世界先进文化有一次精彩的交融。例如：世界大同，天下为公→社会主义，共产主义；从心所欲，不逾矩→从必然王国到自由王国；见贤思齐→改革、开放、交流；己欲立而立人，己欲达而达人→"一带一路"；协和万邦→维护和平稳定；和而不同→文化民主与文化和谐等。

七、文化上古为今用、洋为中用，百花齐放、百家争鸣的提法是正确的。对待古代文化与外来文化，关键在于选择与消化，拿来为我所用。我们在提倡传承弘扬传统的时候，更要将继承传统与改革开放结合起来，将民族传统与全球化结合起来。将文化爱国与中国特色社会主义现代化结合起来。

中华传统文化历来有强大的包容整合能力。中原文化吸收了大量兄弟民族文化与印度、西域及其他地域文化。20世纪，我们汲取了马克思主义并使之与中国国情、中华文化结合了起来，成为我们的指导思想。我们从英语拉丁语中，特别是经过日语的转译，吸收了极多的新名词新概念新语法新思想。同时，我们仍然保持着中华文化的丰赡成熟与泱泱大国气概。吸收与消化正是中华文化历久不衰的力量所在。今天，我们同样需要文化的活跃，需要文化的生命力。

八、培养大量学贯中西、文通今古的人才是实现包括文化复兴在内的中华民族伟大复兴的期待与保证。这样的人才是我们的文化优势。中华文化正在并且将要对人类做出更大的贡献。我们的使命是把学好母语与学习外语，继承传统、守望民族特色与放眼世界、推动全球化结合起来，担当起来，讲好中国故事，提出中国方案，用好中国智慧，为人类这一命运共同体作出当下的贡献。

道通为一 *

　　"道通为一"这句话本来是庄子讲《齐物论》的时候说的："故为是举莛与楹，厉与西施，恢诡憰怪，道通为一。"细小的草棍和一个大柱子，一个丑陋的人和美女，粗大的、诡异的、憰怪的，从根本的存在上讲，从道的意义上讲，是通而为一的，都是相通的，都是整体的一部分，都是道的下载。它这里强调"通"的概念，在其他中国古代圣贤中，庄子很强调"通"，给人的印象比较深。我为什么会找出这样的题目来呢？现在举国上下都很强调传统文化，但是传统文化内容太广泛了，中华料理也是传统文化，旗袍马褂也是传统文化，诸子百家也是传统文化，端午节吃粽子、中秋节吃月饼，这都是传统文化。从总体来说，我们可以从哪一个角度来谈传统文化？我听人讲过一件事情，他带着一批教授去美国访问，美国的听

---

　　* 本文为作者 2017 年 5 月在上海图书馆的演讲稿。

众就问，你们说中华文化博大精深，可以给我们说说怎么博大精深吗？团长让一个教授说，这个教授说没法说，博大精深，又博、又大、又精、又深，这能怎么说呢？这样的"不可说"未免令人哭笑不得。我作为一个学习者，作为一个业余爱好者，我想我们的中华文化能够整体上，从宇宙观、人生观、价值观和方法论上，是否可以概括一下？这是很麻烦的事情，很难说清楚。今天可能我也说得很不清楚，也会有错误。但是，我们的听众都很认真，都有相当的学术素养水准，我抱着求教的态度来和大家谈一谈。

首先，我讲一讲中华文化的最高理想。理想不能完全实现，但是这是文化的一部分，每一个人的理想都是不一样。柏拉图的《理想国》中的理想，虽然没有实现，但是表现出了文化追求。在中国，最突出的理想就是"天下为公，世界大同"。《礼记》里面的这段话表明了这个理想："大道之行也，天下为公，选贤与能，讲信修睦。故人不独亲其亲，不独子其子，使老有所终，壮有所用，幼有所长，矜寡孤独废疾者皆有所养。男有分，女有归。货恶其弃于地也，不必藏于己；力恶其不出于身也，不必为己。是故谋闭而不兴，盗窃乱贼而不作，故外户而不闭。是谓大同。"而且，这个理想是国共两党都承认的，国民党以孙中山的名义，实际上是别人所起草的党歌里面说："以建民国，以进大同"，就是建立民国，推翻帝制，是国民党的初步理想，最终的纲领是建设大同社会。共产党对于世界大同的观念十分坚定，这特别接近共产主义，取消私有制，消灭阶级，消灭三大差别的观点。

中国古代的理想追求，还有一个就是"无为而治"，我们都知道无为而治是老子的话，但是我读书的一个感慨是，其实孔子也把无为而治看作一个很高的标准。在《论语》快要结束的时候，子曰："无为而治者其舜也与？夫何为哉？"能够做到无为而治的，不就是舜吗？舜没有做什么事情，就端端正正地坐在北面，向着太阳，各种事情无为而治。无为而治到底是什么？我认为它极其接近马克思、恩格斯所讲述的共产主义社会，国家消亡、军队消亡、监狱消亡、警察消亡，按照恩格斯的说法，就是社会上有一批统计人员来协调生产和分配，而不是用权力来解决各种问题。这作为理想是非常美好的，老子也说过："太上，不知有之。"权力存在的最高境界是它有没有，你都不知道。为什么？因为老百姓都非常自觉，一切都符合公德，符合他人的利益，符合社会全体的利益，就是你开车完全符合交通法规，你根本用不着考虑那儿有交警。所以，"太上，不知有之；其次，亲而誉之；其次，畏之；其下，侮之。"第二等才是歌颂统治者很好，这是第二层次。陈毅早在1950年左右就写诗"赞歌盈耳神仙乐"，他很早就看到到处都是赞颂，实际上也很好，但是这并不是第一等的。第三等是他害怕权力，权力有令人生畏的一面，你不敢违反权力，否则你会受到惩罚。最糟糕的是权力和被权力管制的群众之间，相互侮辱。然后老子设想了这样一种理想情况："功成事遂，百姓皆谓我自然。"事情办好了，老百姓都认为这是老百姓自己做的，这儿的"自然"指的是我自己做的，这太好了，权力的意图和人民的意图是完全一致的。老子还有更加聪明的话："圣人无常心，以百姓之心为心"，孔子也说："道之以政，齐之以刑，民免而无耻。道之以德，齐之以礼，有耻且格。"比较起用行政的手段来引领，用法律的手段来规范，不如用道德的方法来引领，用文明礼貌的方法来规范。

第二，我要说明的是不管是儒家、道家，还是别的家，大部分在中国占优势的理论，都认为人性是善的，但是法家在某种程度上，讲了人性不那么善的一面。中国文化的理论有一个非常有意思的循环统一机制，应该怎么样治国平天下，依靠的是文化、道德、仁爱，实行的是仁政，道德上有示范的作用，你才能得到民心，得到天下，这是第一个问题，用道德、仁爱、善良来治国平天下。

第二个问题是，你的道德和善良，是从哪儿来的呢？讲得最清楚的是孟子："恻隐之心，人皆有之；羞恶之心，人皆有之；恭敬之心，人皆有之；是非之心，人皆有之。"你看到别人受苦、为恶，你是受不了的，这是人性本身存在的，你会可怜弱者。如果你做了坏事，做了对不起别人的事情，你会害臊，会讨厌自己。人性本身就是善良的。到了老子这儿，他说："能婴儿乎？"你能恢复到婴儿的状态吗？这是老子对初心的提倡，要和婴儿一样天真无邪，善良纯真。孔子认为人性里面有孝悌，对你父母是有孝敬之心，对于你自己的兄弟姊妹，肯定有友爱之心，这是孝悌。另外，孔子还认为人都会好学，一个孩子要学说话，学穿衣服，所以孔子也认为人性本来是善良的。庄子则强调一只鸟都知道飞得高一点，来避免弓矢把它打下来，连田里的老鼠都知道把洞挖得深一些，怕你把它挖出来。所以，他们认为人性善良，都会自觉地不做危险的事情，所以执政也应该标榜、宣传，实行仁爱的政策，才能得民心。

第三个问题，善良是从哪儿来的？这是天性、天良、良心、良知、良能，良知就是不学而知，用不着学习，你就会知道。你爱你的母亲，谁给你上过孝顺课吗？这是天生的。人性就是天性，这个话可不得了啊！不简单！什么是天性？什么是天意？民意就是天意！所以，老子说："圣人无常心，以百姓之心为心"，百姓之心就是天道，就是天意，执政必须符合百姓之心，符合民心，符合民意，你才是符合天心、天意，得民心才能得天下，孟子说得非常清晰。

第四个问题，天是什么？天既是超人性的神性力量，又是我们整个存在的总括。在中华文化里面，天既是唯物的概念，也是唯心的概念，甚至是上帝的概念。项羽打了败仗，说："天亡我也，非战之罪也。"是老天爷要灭我，我能有什么办法呢？我每一仗都打得很好啊！所以，在很长时间中，天就是类似于上帝的概念。天又是道的概念，老庄喜欢从哲学上总结，孔孟喜欢从道德伦理上总结，就是仁义。所以，天的概念，既是哲学的概念，又是道德的概念，还是通向信仰的准宗教概念。天还具有总体的整合，道通为一的意义。《道德经》里面提及最多的字就是天，比"道"字还多。天又是道的另外一个名称，《道德经》里面有："道常无名"，"强字之曰道"，我对这一句话有别出心裁的解释，这解释很可能是错的，因为我并非是这方面的专家，我的本业是写小说，我就在这儿和大家交流一下。中国过去的"名"是什么？毛泽东，这是他的名，他还有一个字，叫毛润之；蒋介石是字，他的正名是蒋中正；汪兆铭是名，汪精卫是他的字。这不是主要的内容，道是没有名称的，既是本体，也是方法；既是精神，也是物质；既是起源，又是归宿；既至大，又至小、至微、至精；既是正面的，又是反面的，这就好像数学里面的无穷大。到了无穷大的时候，正数和负数是一样的，弧线和直线是一样的，道就是这样。所以，无法给道取出正名，只好取了一个字号，也就是道。天指的是道，义指的是道，通指的也是道。这样一来，中华文化出现了一个奇景，把修身、齐家、治国、平天下统一起来了，把天性、人性、为政、道德、信仰、终极追寻统一起来了。所以，中华文化从前面讲的人性论这一点上来说，我们可以掌握中华文化很大的关键就是崇尚道德、崇尚性善，你可以说它是一种理论，也可以说它是一种信仰。我们很客观地说，告子其实是有说服力的，他和孟子辩论，告子说，人性谈不上天生的善恶，是需要慢慢形成的，要看人受到什么影响和教育，既有善的一面，也有恶的一面；既有利他的一面，也有利己的一面，各方面都可能有的。但是中国形成的人性性善的观念，这影响了中国的文化、政治、哲学、文艺学、艺术、世道人心，已经被老百姓长期接受。在中国，你强调性恶的一面，很难得到老百姓的认同。所以，这也是一种信仰，经常要用对天良的诉求来推动自己的政见、权力的运行。中国梦的实现，也离不开对天良的诉求。中华文化的一个特点就是诉诸天良。

第三，除了证明中国人尚德、尚善的特点之外，我还发现了中国人尚一、尚同。现在很难找出一种文化像中国文化一样，有这样的概念，通了之后要同，通就是同，同就是通。道通为一，就是多种角度说来说去，其实是同一种话。尚一、尚同是因为中华文化追求的是一元论，同时追求一与多的统一。孔子说："吾道一以贯之"，孟子说"（天下）定于一"，强调的是一，老子讲"天得一以清，地得一以宁"，掌握了一后，什么都解决了，叫做一通百通。孟子说，实行仁政是最容易不过的，只要你善良一点就可以了。孟子甚至说，什么叫仁政？"不嗜杀人者能一之"，不要动不动就杀人。实行仁义就好像为长者折枝，并不是挟泰山以超北海，只是把树枝撅下来而已，一样容易。他们主张人的善良，这很容易，所以到了王阳明那儿，就强调知行合一，你只要安了好心，就可以干好事。你把干好事说得那么复杂，就是因为你没安好心！甚至到了孙中山那儿，他主张"知难行易"，也是因为关键问题是观点要改变，居心要改变，很多东西都是常识以内的事情。所以，有些外国人不了解，黑格尔对孔子评价比较低，他认为孔子说的事情，都是常识以内的东西，甚至算是幼儿教育。黑格尔非常佩服老子，但是他不知道，中国恰恰是把常识以内的事情看得很重，这是化繁为简的思维方法。找出关键来，关键就是你要当好人。按照老子的解释就很多了："昔之得一者：天得一以清，地得一以宁，神得一以灵，谷得一以盈，侯王得一以为天下正。"天得到了一，就没有雾霾了；地得到了一，就不会地震了；河谷得到一，就会物产丰富了；神也要符合道，才能有神的功能。《红楼梦》修建大观园的时候，要找园丁，照顾花草，买奴婢、小子，要有文艺工作者给大家唱戏，还要有寺庙，有一个尼姑庵，这是一个统一的整体，封建贵族的整体，包括劳动力，包括各种设备、风景，包括文艺工作者，还包括了尼姑。有的国家王权神定，佛教国家要有佛祖，要有宗教的最高领袖来给国王授权，这是君权神授。但是中国更多的情况下，是神权君定。如果你被君王废除了，神也可以废掉。泰山之神，是帝王封予的。这样一种思维的观念，中国形成了许多和别的国家不同的东西。

比如说九方皋相马。伯乐老了，君王要他去找千里马，他说："我年岁大了，找不到了。你找我的朋友九方皋，他比我相马的本事还大呢！"然后，君王就派九方皋找马，九方皋领了"课题费"出差，一年后，找到千里马回来了。君王说："这千里马是什么颜色？"九方皋说："大概是黑色的吧。"君王问："公马还是母马？"九方皋说："大概是母马吧。"结果牵过来一看，是一匹黄色的公马。君王说："您连马的颜色和公母都分不清楚？我也不处罚你了，走吧！"可是伯乐火了，说："你要找特定毛色的马吗？是要找特定性别的马吗？"君王说："不是啊！"伯乐说："九方皋给你找来的就是千里马，问它颜色、公母做什么？"中华文化太源远流长了，颜色、性别都不重要，重要的是找来的是一匹千里马。这是非常中国式的思维，抓一个大的点。这种大的道理多了之后，会出现一个情况。直到现在，我们还在讨论中国的权力有没有监督。从中国历史上来说，中国的权力好像没有什么监督，君让臣死，臣不得不死；父要子亡，子不敢不亡。但是实际意义上，存在某种文化意义上的监督。我最近读了一些讲各朝各代君王的故事，包括《万历十五年》《明世宗传》《天有二日》等书，我发现古代的君王说一不二、真正说什么算什么的其实很少数，但是糊里糊涂、傻呵呵被玩弄的也是很少数，大部分是用权在整个文化过程中，运作于被运作中。

比如说，卜键先生写的《明世宗传》中提到，明世宗一辈子想干两件事情，一件事，他是上一辈皇帝的继子，是过继过来的，是上一位皇帝的侄子。他继位后，以太上皇的规格把他的继父下葬了，而他自己的亲爹，却只是一个亲王，只能找一个边角的地方埋起来了，规格相差得太远。中国人讲究孝道，明世宗想要把他的父亲也提成太上皇，我既然是皇帝，那么我的父亲自然也是太上皇了！但是这个观点一提出来，底下的大臣跪下来一大片，说皇室的血脉就是一根，中间不应当岔出来一根，否则天下大乱了！你可以把臣子们都杀掉，但是太上皇只有一个，你的伯父或叔父已经是你的父亲了，你的亲爹已经不是你的父亲了！朝纲不可乱！到了最后，明世宗贿赂自己的大臣，我相信中纪委也没有看过这样的案件，不是底下人求办事贿赂领导，而是领导给大家送礼，希望能够办成这件事情。第二件事情，就更有趣了。当年朱元璋继承大位后的第一个春天要开犁、求雨，他求完雨之后好多天没有下雨，这关系到了他统治的合法性问题——为什么龙王爷不承认你朱元璋？这个时候，有一个懂气象的大臣，说根据预测，最近两三天马上就要下雨。您再求雨，第一次求雨不行，第二次求雨取得了龙王爷的承认。朱元璋就又求了一次雨，之后雨就哗啦啦下来了。所以，后来明朝的皇帝每年春天求两次雨。到了明世宗这儿，可能刚刚求完第一次雨，大雨就已经下了，但是求第二次雨，万一不下了，那么不是很尴尬吗？他不想求第二次雨，可是这一点他也做不到，他一提出来，大臣就说，这是太祖立的规矩啊！中国这些老臣，说到太祖，实在是忠诚得不得了。你要改太祖的规矩？把我们全家杀光再说。所以，中国有用文化监督权力的一面。

第四，中国文化强调一，又强调多。为什么？一生二，二生三，三生万物，又是一，又是多。在郭沫若的诗里面，有一句话人家说最早出自《华严经》，就是"一的一切，一切的一。一即一切，一切即一"。并非说我自己说话只是一，我同时看到了多，我代表的是多。我的一，代表的是一的一切，当我说一切的时候，又统一成为一，否则国家乱成一团了。郭沫若的诗歌里面说"一切的一，更生了。一的一切，更生了"。我原以为这是中国文化当中十分绝的地方，一是一，切就是各种部分，又是一，又是一切。后来我知道，人类有这个观念。去年九月，我在旧金山做一次讲座，之后去渔人码头吃饭，渔人码头的一个最大的餐馆叫"One is all"，一就是一切，美国都有这种思想。我本来以为这是廉价物品店，是一元店，但是事实上这是美国有名的大饭馆，意思是你到我这儿之后，就等于所有的饭馆都去过了。一就是一切，这是很牛的思想，又有一，又有一切。

下面，我想谈一下，不管孔孟老庄，都很注重中庸之道，注重精英主义。国家太大，从秦朝开始到唐宋，集中统一的权力达到高峰，要依靠一批精英。这批精英很重要的一个特点，在孔子那里就是中庸，孔子说："君子中庸，小人反中庸。"我称之为中庸理性主义，不要过急，也不要过于迟缓，过犹不及，应当恰到好处，掌握分寸，留有余地，恰如其分。《论语》最大的特点就是恰如其分。我很喜欢举一个例子，孔子说："不义而富且贵，于我如浮云。"他要说的是如浮云，这是不值一提的，一晃而过，他并没有说其他丑恶的词，很有分寸。在孔子那儿，把人分为君子和小人，认为君子有一系列优秀的品质，但是小人没有。用朱熹的说法，君子和小人的区别，就像白天和黑夜的区别一样。到了孟子那儿，说的是"君子有终生之忧，无一朝之患也"。君子终生忧国忧民，不会因为自己的小事在那儿患得患失。老子也说："我恒有三宝，持而宝之：一曰慈，二曰俭，三曰不敢为天下先。"这不是说他反对创造，而是指的是，君王，你不要提出来天下人都不明白你要干什么的事情，这是老子对精英的理解。孔子的弟子子夏说："小人之过也必文"。子贡说："君子之过也，如日月之食焉。过也，人皆见之；更也，人皆仰之。"孟子那个时候，对精英又有一些别的说法，认为是士和大丈夫，大丈夫威武不能屈，富贵不能淫，贫贱不能移。庄子是从另外的角度来说，认为有至人、真人。我这里想和大家说一个笑话，庄子说，常人练气功，练呼吸吐纳之功，是把气吸到胸腹里面，庄子说，我们这些至人、真人呼吸的时候，把气吸到脚后跟里头。我对这个问题很感兴趣，呼吸能不能把气吸到脚后跟里头。为此，我请教过不止一个歌唱家，歌唱都是联系呼吸的，王昆老师跟我说，把气吸到脚后跟里面不太可能，因为脚后跟没有气室啊。但是，唱歌的人在用自己的气的时候，脚后跟会颤动使劲儿，真正唱歌的人，每一根头发丝都充满了张力。所以，脚后跟能吐纳，也有一定的道理。中国对于精英的考虑，实际上各种文化也是很一致的。

第五，我想讲一讲尚化、尚通。中国早就提出了"化"的观点，在《周易》里面已经提出来："穷则变，变则通，通则久。"一切什么事情碰到钉子，无计可施了，这都是穷，你就要变，之后你就有了道路，可以维持下来了。到了庄子的时候，更喜欢用的是"化"，与时俱化，化和变相比，有些悄悄发生变化的意思。所以，我们不要认为中国又讲仁义道德，又讲一和同，天下定于一，吾道一以贯之，很呆板啊！中国人其实一点也不呆板，可以变啊，而且中国承认有多种多样的选择。孔子说："邦有道则知，邦无道则愚。"这个地方讲道理，那么我就聪明；如果这个地方不讲道理，那么我就愚蠢。孟子的说法就是"穷则独善其身，达则兼善天下"。如果我没有条件，我就把自己管好了，如果我有条件了，我就为天下百姓和君王效劳，这是孟子的说法。孙子说："善战者，立于不败之地。"永远不让自己变成殉葬者。孟子说："伯夷，圣之清者也；伊尹，圣之任者也；柳下惠，圣之和者也；孔子，圣之时者也。"伯夷，是圣人中的清高者。伊尹是任劳任怨，完成实际任务的。柳下惠是很和睦，好说话的人。他最大的特点就是只要有活儿他就干，不管级别和待遇。他什么活儿都干，就认真地干，按照自己的风格来干。那么"圣之时者也"什么意思呢？就是因为孔子生活的时代千变万化，民不聊生，国无宁日，孔子如果不随时调整自己，把握分寸的话，他早就灭亡了。孔子尤其有一句话，让人看了心里面一惊，他说："我则异于是，无可无不可。"我的选择更加宽泛，没有什么一定就可以，也没有什么一定不可以，他指的是他既可以是圣之清者也，也可以是任者、和者。孟子讲过孔子一个故事，说他在一个地方当官，因为君王对他实在太好了，所以孔子认为自己的仁政可以实行。但是，有一次在祭祀的时候，用于祭祀的好肉没有拿到，孔子一怒之下就辞职了。别人和孟子讨论，说孔子太小心眼了，如果肉没到，那么再等会儿，好肉就送过来了。孟子说，你们不明白啊！孔子表面上是因肉不好走人，实际是由于得不到信赖与应有的礼遇走掉的。但是孔子不想将矛盾激化，所以他就找一个借口，说是肉没来，所以祭祀没法搞，连祭祀时戴的礼貌都没有摘下来就走了。大家不会去责备这个国家的君王，缓和了矛盾，孔子为此宁原自己承担一个小责任，不弄成一个什么政治事件。孟子有很正义的一面，但是也还有这种灵巧的解释。

孟子还有一个故事。他和齐王谈话，齐王说，一个好的大臣，君王应该怎么对待呢？孟子说，应该接受他的意见。君王说，那么如果不接受他的意见呢？孟子说，如果这个大臣也是王室成员，可以考虑把君王换掉。这个话说完后，齐王脸色马上就变了，孟子胆儿太大了！过了一会儿，他看到孟子态度很自然，并没有声严厉色，他就问，如果不是王室成员呢？孟子说，大臣可以把席子卷好辞职就可以了。其实，孟子也很有意思，这就是高高举起，轻轻放下。如果他反过来说，那么就不好了，最后结尾说君王可以换掉，那还了得啊！先说，如果是王室成员，可以考虑换掉，那么如果不是王室成员，那么背起行李就走吧！这样说，更加有智慧。

中国的思想理论可以想办法走通，老子、庄子更是主张以退为进，以弱胜强，以无胜有。老子甚至主张，柔弱是生命的特色，坚强是死亡的特色。当然，这个说法我们现在没法用，这儿的坚强，不管是在过去古代的中文还是英语里面，都有两个意思，一个是褒义的，也有贬义的，就是生硬、坚硬的意思。新中国成立以后，我们的坚强都是好的意思。因为我们的新中国是经过革命斗争才成立的，我们强调的坚强是从正面意义理解的。中华文化不是僵硬的文化，是很灵活的。很多说法不同，各有各的道理，一方面中国人说怎么样忠诚可靠，仁义礼智信，一方面民间还有其他不同的说法。所以，为什么要说这么一段呢？在20世纪的后半世纪，当社会主义国家纷纷进行改革的时候，西方一些政要，包括卡特时期的国家安全顾问布热津斯基，包括英国首相铁娘子撒切尔夫人，包括基辛格等，都对苏联和东欧的改革不看好，因为苏联本来的那一套都和市场经济没法相适应，而上述的这些人都统一说，改革唯一可能成功的是中国，因为中国有独特的文化，他可以把这个道理说通了、说圆了，该坚持的继续坚持，该改革的就改革，化之无形。全世界能够迈开这么大的步子进行改革开放而又保持基本稳定的，只有中国。还有类似的说法是赛珍珠，她在镇江生活过几十年，写了《大地》，获得了诺贝尔文学奖。但是当时我们的《人民日报》连续用几个版面对她进行批判，因为她称颂中华，却反共。她生前多次给美国的政要写信，说他了解中国人，中华文化的适应能力十分伟大，中国人几千年当中，什么坏事都碰到过，兵荒马乱、战争、地震、水灾、旱灾、邪教、饥荒……但是中国没有灭亡，而且人数越来越多，这些人太优秀了！所以，我们当然不要无原则自我吹捧，但是中国调整适应、变化的能力，统筹兼顾、面面俱到的能力，罕有其匹，这也是中国文化重要的特点。

中华文化还有一个特色就是重视养生，尤其是道家，把养生看作是人生核心价值之一。其实孔子没有专门讲养生，但是他的很多说法也是讲养生的。比如说，君子坦荡荡，小人长戚戚。仁者乐山，智者乐水。孔子最有意思的是讲究吃饭的那一套，十分认真，说明了他对健康的重视，说明了他对食文化的重视，也说明了他对此岸、现实生活、活在当下的珍惜。孟子也不是不注意这个，他讲究的是"居移气，养移体"，营养保养与住房环境影响你的体态、气质、精神状态。孟子认为理想的小康社会是大家有足够的土地，然后五十岁的人可以穿上丝绸做的衣服，七十岁以上的人可以吃上肉，十分重视民生。同时，老子提出了"无死地"的概念，人因为进入了死地，所以才会死亡。老子说："盖闻善摄生者，陆行不辟兕虎，入军不被甲兵；兕无所投其角，虎无所用其爪，兵无所容其刃。夫何故？以其无死地焉。"摄生就是养生，有凝聚的意思，能够把自己的生命凝聚起来。这样的人，在山上走碰不到犀牛、老虎，在军队里面走，碰不到军人。碰到这样的人，犀牛没有地方用它的角，老虎没有地方下爪，士兵没有地方用兵器，这就是人不应该进入死地。说起来很简单，很有道理，就是危险的地方不要去，恶劣的习惯不要有，如果你酗酒，就是进入死地了；和黄赌毒发生了关系，也是进入死地；贪污腐化也是死地，自取灭亡。庄子还说："善其生，善其死。"活着的时候要好好活，死的时候要好好地死，充分认识到大自然的规律。庄子这些话都很令人感动："夫大块载我以形，劳我以生，佚我以老，息我以死。"大块就是宇宙，要活着就要辛辛苦苦干活，稍微安逸一些，年龄已经大了，死就是休息。对死看得最开的就是庄子，他有很多名言。

孔子说吃有很多讲究："食不厌精，脍不厌细。食饐而餲，鱼馁而肉败，不食。色恶，不食。臭恶，不食。失饪，不食。不时，不食。割不正，不食。不得其酱，不食。肉虽多，不使胜食气。惟酒无量，不及乱。沽酒市脯不食。"你吃得再多，都不能够把自己吃东西消化的能力压倒，这样就不好了。孔子说得如此正确，越是好东西，你不能让它把你压住，你要压住它。中国有一种特殊的说法，把儒、释、道、名、法、阴阳都能混合起来，化为一体。我去美国的次数比较多，有的时候和他们聊起中国，外国人对中国人的了解有一个非常重要的就是"all mixed"，所有的都混合在一块。我八十年代去的时候，还没有，到了九十年代，新世纪，大学教工食堂动不动上中国菜。宣布今天有中国菜。我一看，大杂烩就是中国菜，肉片、土豆片、胡萝卜片都混合在一起。他们认为中国的特点是混合。司马迁的父亲就说过："天下一致而百虑，同归而殊途。"天下大道是一，但是人的考虑却有一百种，归宿是一，但是道路途径有很多，关键是一而生多，多而归一。

北魏时期由于佛教盛行，已经出现了儒释道三教合一的主张，到了唐代，这种主张已经被很多人所接受。合一混一的主张，一方面养成了学理上马马虎虎、不求甚解、不讲求准确性严谨性的毛病，另一方面其实解放了接受某种主张的信仰者的头脑，扩大了某种学派成员的选择空间，同时弱化了不同学派乃至不同信仰、不同宗教间的价值争拗与文化冲突。至于中国民间，这种类似"三教合一"的现象多有所见，天真可爱，莫名其糊涂。在陕西神木二郎山上的著名寺庙中，诸神殿供奉如来佛、观音菩萨、道教的最高神祇三清大神、玉皇大帝与其妻王母娘娘及南宋抗金名将韩世忠和梁红玉夫妇。都在那儿供奉着，互相什么矛盾都没有，我去的时候，还有孙悟空。二郎庙还供奉了在小说中曾经大战孙悟空的杨戬二郎神。同样也有孙悟空的神位。1995 年，人们在正殿下坡两侧修建了财神和送子娘娘庙。互相都是和平共处，你愿意信仰谁都可以。此外还有，文殊和普贤菩萨。还有武圣关公殿、城隍殿以及供奉宋太祖、宋太宗、宋真宗的西方三圣殿。近年明确为旅游开放寺庙和宗教活动场所。我在浙江还看过家庙，除了上述这些神以外，各位恐怕想不到，还有贾宝玉的神像。贾宝玉为什么是神？这有根据啊！高鹗的续作里面写道，当贾政向皇帝报告，万岁爷，我的儿子跟着一僧一道出家了。皇帝听了慨叹不已，马上封了贾宝玉为文妙真人，第一是文化性的神，第二，这个妙更加有意思了，一辈子活得非常妙。所以人家供奉贾宝玉，这是非常正确的，他是文妙真人。这些东西从科学上来说是马马虎虎，有胡适所说的差不多先生的意思，但是从好的一面说，中国人想办法把不同的道理、学派放在一起解释，最后大家不但是命运共同体，而且是博大精深的文化共同体。说到这儿，还真的不能不承认它是博大精深的。还有别的例子，被联合国教科文组织列为人类文化遗产的重庆大足石刻，名为佛教浮雕，却加上了对于孝子的宣扬，显然受到了儒家孝道观念的影响。

今天，我们在这里交流，就是希望我们对自己的文化能够有更多的研讨和理解。今天我们更加可以在这样的文化传统和资源的基础下，按照今天的时势，推动我们社会主义现代化，推动我们的全面小康社会建成，推动我们美好生活，实现我们的中国梦。暂时说到这儿，谢谢大家！

【以下为现场互动环节】

听众提问：对于年轻的听众，您有什么建议和希望？

答：对年轻人来说，最重要的是学习和分析、理解，能够用学习的知识进行分析和选择。我今天想要强调的意思是我们确实有和欧美主流的实证主义、理性主义、基督教文明、细细划分各种学科不一样的思路。我们确实了解我们中国人有自己的一套文化价值和追求，尤其是文化思路。同时，我们的思路并不是排他性的，必须走向现代化，必须有创造性的转化，有创新性的发展。否则，我们都在那儿谈中华文化，但是又不把中华文化拿过来阅读、琢磨、分析，那就会变成空谈。年轻人在这方面更加敏锐，不断接受新的东西，一定会对我们国家的文化建设起更好的作用。

听众提问："一带一路"国际合作高峰论坛文艺晚会最后的大合唱《和平颂》中，引用到了《道德经》里面的四句话："天得和以清，地得和以宁，谷得和以丰，人得和以生。"想听听王蒙先生对此的看法。

答：我想我刚刚讲的内容里面包含了这个，道德经原文是"天得一以清"，一是可以代表很多东西的，可以代表道、德、人，"和"也是非常重要的一条。孔子早就说过，君子和而不同，小人同而不和。孟子更说到和为贵。调节这么多的矛盾和人口，克服这么多的灾难，如果没有和的精神是做不到的。我们在文艺演出里面，把"天得一以清"，说成"天得和以清"，是和我们对"一带一路"的宏图最相近的。如果唱"天得一以清"，别人可能会误会。"一带一路"翻译的时候，是不可以加"A"的，只能翻译成"带和路"，因为到了英语里面，对于一非常重视，一是排他的。所以，我们的外文部门非常明确只能翻译成"The Belt and Road Initiative。"这句话是否能够传下去，现在说起来还早，如果五百年后还有人唱"天得和以清"，那么就说明它已经传下去了。这和老子原话的中心思想其实是一致的。

听众提问：我想请问在国际文化中，我们的孔孟老庄具有什么样的地位？

王蒙先生：我想我还需要说明这么一条，我们今天谈的中华文化，毕竟不是东周时期的人谈的那个时候的文化，也不是宋明清民国的时候的谈的中国文化，我们现在谈的是新世纪的中国文化，中国已经改革开放三十多年，中华人民共和国已经成立了快七十年，中国共产党执政并同时强调马克思主义、毛泽东思想、邓小平理论、"三个代表"重要思想、科学发展观、中国梦，我们是在这样的情况下谈的中国文化。一个文化的生命力之一就在于有没有吸收、消化的能力，如果你吸收完了，把你自己弄丢了，这也不行。又有吸收能力，又有消化能力才可以。现在证明中华文化既有吸收能力，也有消化能力。

2016 年 11 月，王蒙出席俄罗斯圣彼得堡国际文化论坛，与各国文化界知名人士受到普京总统接见。

中国文化自古以来吸收了许多东西，现在的中华文化已经和过去说的不一样了。我们现在和国外的交流，不是说给他们讲孔子，也可以给他们讲孙中山、毛泽东，甚至是姚明。在现代社会，在一个开放的中国前提下交流。这里面不存在论证中华文化的强势的含义。"一带一路"国际合作高峰论坛上我们也说不输出我们的社会制度。同时，我们也用不着照抄别人的，但是别人一切好的东西我们都可以学。我们现在学了许多别人的东西，电脑、麦克风、手表都是学习外来的，吸收了许多东西，但是我们中华文化的特色却是不会变的。中华文化和外国文化应该是善于交流、互相促进，因为孔子提倡交流，他讲，三人行，必有我师焉；他还讲，十室之邑，必有忠信；他还讲，己欲立而立人，己欲达而达人；他还讲，闻过则喜。见到好东西，他就想要学。我们谈中国文化，应该强调交流、开放，去除我们自己的狭隘性和愚昧性，也帮助外国的欧洲中心主义者克服偏见成见。

四、面向世界的文化自信

懂得文化，积极交流 *

世界上任何一种有价值的文化，从来都不仅仅是在国门内起作用。文化的价值既在于它的民族性地域性，也在于它的人类性普遍性。从来世界各地的文化就是我中有你，你中有我，而又各具特色。文化与物质商品不同，物质商品多半是一次性的，使用完了，需要再进口。而文化，引进了，为你所用，为你所消化吸收，丰富了你也武装了你，归属于你了，并从而有可能成为你协力创造的新的文化果实。近代外国人用火药、指南针、活字印刷术的水平，早已超出了当年输出这样的科技的中国，也不会有多少人想着这是中国的出口。同样，中国引进了马克思主义，发展形成了毛泽东思想、邓小平理论、"三个代表"重要思想、科学发展观等，没有人会认为这是进口物资。从延安就时兴同志间见面行握手礼，谁会想到握手是礼节

---

* 本文写作于 2011 年 11 月。

赤字？汉语拼音用拉丁字母，然而，它的用法只限汉语拼音。电影、话剧、芭蕾等艺术品种来自外国，但没有人认为《一江春水向东流》《雷雨》《红色娘子军》是舶来品。即使跳《天鹅湖》，由于中国演员的身材与气质情愫文化背景的不同，其版本其效果也不可能全同于俄国。我们还不妨以日本为例：日本古代学我们，近现代学欧洲，如果讲赤字，它全是赤字。然而，不管怎么学，日本还是日本。而且，日本的勇于与善于吸收外来文化，恰恰是一种软实力。

文化能凝聚与动员自身，同时能赢得好感、友谊、理解、尊敬直到热爱。文化高的国家照样可能在战争中被打败，那也当然。如果文化高了就必胜，那文化就不是软实力而是硬碰硬的导弹、核弹、航空母舰了。

文化是各种实力的基础之一，其他基础还有领土、规模、自然条件等。对于文化来说，首先不是实力不实力的问题，而是它的有效性、质地性、成果的丰富性与深刻性的问题。一个文化的品质，在于它能否帮助接受它的人群与个人提高自己的生活质量，能否开阔人们的精神视野与发展人们的精神能力，是否具有足够的创造性、吸纳能力、发展能力、应变能力……我们说文化是软实力，其实就是说它在国际政治中有很大的作用，但不宜太过分地强调它的政治作用，避免把文化交流政治化急功近利化粗鄙化。我们需要强调的：文化是花朵、是魅力、是精神、是瑰宝、是记忆也是预见、是形象也是品格，是民族的又是人类的骄傲与财富。如此这般，也许比较靠后再说它是软实力更好。说得愈后，可能软实力愈强。

文化有极强的政治性，但毕竟比政治更宽泛与含蓄，更日常与普及，更潜移默化与点点滴滴。我们反对西方国家把与我们有关的各种问题政治化，但是我不反对把某些政治性极强的问题适当地文化化，即从文化的层面多进行交流和讨论，尊重文化与世界的多样性。我们已经重视，而且必然愈来愈重视与各国的文化交流与合作。在这样的交流与合作方面，我们可以做到信心十足，大大方方。

我们重视与各国政府间的文化协定，重视文化交流上的政府行为，我们也许应该更重视民间机构与文化人个人之间的交流。境外有许多人喜欢强调文化的非政府行为性质，自然渗透、不带强迫性而被接受的性质。我们从版权局等单位掌控的购买我方版权数字，其实远远比不上作者个人与外国出版商订立的出版合同。我们最好多推动一些出版经纪人、文化艺术基金会与外国有关团体打交道，而不是直接由政府部门或作协之类的重大群众团体出面。我们的文化交流工作方针，应该是政府主导、民间参与，尽可能通过市场以扩大受众的规模。尤其要避免由于急于走出去，而自贬身价，如推荐一大批书，不要版税，倒贴钱出版，这样的做法，或可偶试于初期，却绝对不可以成例也不可能真正收效。

我们的文化工作是马克思主义指导下的文化工作，是接受中国共产党领导的文化事业，我们的一切向世界推介中国文化的工作，都有利于我们建设有中国特色的社会主义事业。但这并不意味着我们要在文化交流中推广我们的指导思想、意识形态与社会主义核心价值观。文化就是文化，不论它受意识形态的影响有多少，它与意识形态不能互相取代。我们不避讳并向世界正确地解说我们的意识形态原则与我们的传统文化的密切关系，从中论证我们的意识形态的合理性合法性坚实性，但是我们努力向世界介绍的是我们的被意识形态指导，同时又推动着我们的主流意识形态的成熟与发展的文化成果与文化传统。认为我们通过文化交流能够输出我们的意识形态，是不够现实的。当然，加强我们的文化交流工作，必定会有助于赢得理解与敬意，有助于让世界更加客观和公正地认识中国的真实情况与真实走向。即使推介的是几千年前的文物，也是由蓬勃发展的社会主义中国人民守护、整理、阐释的文化成果，是社会主义中国人民的爱国主义与尊重历史、尊重传统的最有说服力的证明。不能说推介古代的东西就丢失了主旋律。同样，积极有效地吸收国外的一切好的文化，化为中华文化的一个有机组成部分，同样有助于消除西方人士对我们的偏见、无知与误解。

我们的对外文化推介工作面对的是世界各地尤其是西方世界的广大受众，当然要以受众能够理解的方式、熟悉的语言习惯做好我们的工作，这并不能说是迎合西方人，也无须为西方人没有接受我们的主流意识形态与我们的社会主义的价值观而遗憾，或指责他们对待中国的无知少知猎奇心理。外国人对中国感到好奇，我们欢迎，好奇比无视好，只有经过更多更有效的工作，才能尽快地超越人家对我好奇的阶段。

全球化视角下的中国文化 *

各位读者，今天有机会来跟大家交换一些意见，我感到很高兴。我要讲到的题目是《全球化视角下的中国文化》，包括全球化的背景、中国传统文化、建设文化大国等内容。大家听后觉得有不对的地方，可以提出疑问或者批驳，我们互相交流启发。

全球化引起了文化焦虑

关于全球化的背景。我要说明一个观点，一个命题，即全球化与现代化是一致的，现代化的结果必然导致全球化。根据马克思的观点，生产力是社会发展最积极、最活跃的因素，任何事物都挡不住它的发展，这个道理很浅显，却经得住考验，

---

* 本文原载 2006 年 6 月 1 日的《光明日报》。

是颠扑不破的。尽管对全球化有那么多的批评、质疑、抗议，但是谁也挡不住。全球化给中国这样的一些发展中国家带来了机遇，同时也引起了文化的焦虑。

讲到全球化与现代化的一致性，我们能看到，凡是有利于生产力发展的东西，很容易被不同的国家、不同的文化背景所吸收。比如说，飞机，相对来说是最迅捷也是相当安全的交通工具，可以被各个国家所吸收。一种技术，比如说电力、电脑，尤其是信息技术，会被不同语言、不同国家用不同的编码吸收，你挡不住。我们中华民族有非常辉煌的历史、辉煌的文化，但有今天的生活，从全世界吸收了多少现代的科学技术？比如说，电灯是现代技术，电脑投影、幻灯片是现代技术，我的眼镜也是现代技术等等。如果不吸收现代技术，我们就无法设想有一个现代化的、社会主义的而且是不断向前发展的伟大祖国。

条形码、集装箱等都是全世界一致用的东西，它使我们的产品、商品、科技成果能够交流，能够共享。如果没有全世界一致的标准，你造的电灯泡和我造的电灯泡之间互不相干，这个技术就不能够共享。数码化、电脑的发明使全球化的进程大大加速了，所谓的信息高速公路已经实现了。数码化逼着你学英语，这是一件非常无奈的事情，但也提供了很大机遇。如果你想使用电脑，不管中文软件做得多么好，仍然摆脱不了以英语形式出现的说明、菜单、可供选择的选项。这说明一个问题，目前，任何一个国家的发展，都离不开世界。不论一个国家多有志气、有多伟大，你都不能脱离开这个进程。全球化给中国带来了发展机遇，中国能有今天的发展，离不开全世界经济发展的势头。在我们沿海经济开发区可以看到众多的出口加工工厂、大量的出口商品。

全球化引起文化的焦虑，是指全球化使一些国家和地区的文化感到有一种被融化、被改变的危险。

首先你会失掉自己的身份

全球化引起文化的焦虑，是指全球化使一些国家和地区的文化感到有一种被融化、被改变的危险。首先你会失掉自己的身份。所谓认同危机，就是学来学去都是英美的东西，主要是美国的，可是你学完了，又不是美国人。这种危机在许多国家，包括法国、中国等都存在。法国采取很多措施，限制英语的运用。我们在幻灯片上，在机场高速路牌上写上英语；电视标志"CCTV"也是英语。我们还开办英语频道，有大量英语教学节目。我无意批评这个东西，这个是必需的，甚至是很好的。中国要开放，有越来越多的各国游客来参观，虽然中文是非常伟大的文字，而且是被世界上最多的人口应用着，但是它的国际性并不是很好。现在国际上客观上使用的就是英语——这在理论上无法讲清楚，是不是英语就最好，就科学，那不见得——但是你讲英语就能讲得通,你参加国际讨论会、生意谈判,做外交辞令,用英语能让很多人听得明白。温家宝总理的记者招待会,他的翻译就是译英文,不可能用日文、俄文都翻译一遍。按道理说,世界上各国语言文字都是平等的,但是英语有这么一个优势的地位。

但确实存在另一面,就是我们中文的水准,给人的感觉是现在有所降低,讲究不够。比如说,很受欢迎的电视剧《汉武大帝》喜欢用一个成语"守株待兔":敌人来了,我们不能守株待兔,要进攻。它认为守株待兔,就是守,就是采取防御性的战略。电视剧老是这么讲,说得我也糊涂了,今天借这个机会请教大家,这"守株待兔"是防御的意思吗?不对呀,应该是企图侥幸的意思,是等着天上掉馅饼的意思。

春节联欢晚会,其中对联的用意非常好,可是我觉得推敲不够。举一个例子:重庆出"朝天门"(长江的码头),天津对"天津港"。"朝天门"对"天津港",过去只要私塾上过一年的,就知道对错了,两边都有"天"不行;"朝天"和"天津"这四个字都是平声,也不行。其他的我就不一一讲了。

再譬如说生活方式。一个圣诞节,一个情人节,市场上都有热度,相反呢,对元宵节、中秋节,开掘得就不够。在基本温饱没有解决的时候,春节吃饺子是一件大事,还有就是元宵节吃元宵,端午节吃粽子,中秋节吃月饼。现在我们很幸运,温饱问题解决了，我们的子女根本就不知道饥饿是什么，让他吃饺子，在生活中不算是太好的东西。有人还嘲笑月饼太硬，主要是送礼。要知道这是咱们很美好的节日啊。

比较起来，我们说日常生活，衣食住行，这个"食"是中国的强项，大部分人的口味，还是喜欢吃中国饭。可很多小孩子，比如说三岁以下的，爱吃麦当劳，爱吃肯德基，那都是外国的垃圾食品啊！现在"衣"已经不是我们的强项，"行"也不是了，哪里还有坐中式轿子的啊？很少。"住"，也很难盖那种大屋顶式的房子了。我们是否该思考一下，怎样才能有自己的一些生活方式？

在全球化的过程中，我们还有一个新的忧虑，就是文化越来越大众化、批量化。这种大众化、批量化有很大的好处，是一种文化的民主，有利于实现文化的共享、文化的平等——你看得懂，他也看得懂。比如，电视里赵本山出来了，你学问高的人可以看，文盲也可以看。大众化，批量化，可以大量地生产，CD、VCD、DVD，最近还有什么新的叫做EVD，可以批量地生产。由此便产生一个问题，文化中高精尖的东西，并不是人人都有条件去生产、去创造、去制作的，甚至于不是人人都能看得懂、看得明白的。就是那种有一点小众的，毛主席讲的"小众""阳春白雪"，一些高雅的东西，感觉有被冲击的危险。

我有时候也自己跟自己闹别扭。春节联欢晚会，电视小品已经在担纲了，因为它的效果非常好，让人笑，香港叫做"搞笑"。这样的节目，我也喜欢看，但有时候会想，除了这种通俗的娱乐节目之外，我们是否还需要一些能提高文化品位、文化素质，满足智慧要求的作品。我们可以比较一下——当然中国的国情不一样——比如说维也纳金色大厅，它迎接新年的施特劳斯音乐会，也很大众化，里面也没有用特别深奥、特别难接受的曲调。施特劳斯主要是圆舞曲，是舞曲，是华尔兹，但它的格调显得就高一点。

写作也是一样。中国人过去对写字是非常敬仰的，写起字来，有一种精神贵族的感觉。他要明窗净几，沐浴焚香，书童研墨，红袖添香，然后拿着毛笔，舔过来，舔过去。因为字本身就非常优美，写的时候，吟哦再三："天地者，万物之逆旅。光阴者，百代之过客。"写起来，又是对仗又是成语，又有出处。这有它不好的一点：大众读不懂，说你"戆"。本来明白的话，让你一写，人家不太明白了。但是也有好处，它非常优雅，有一种风度，有一种格调，有一种品位。相反，如果都是大白话，都用群众语言，在获得了大量的受众的同时，有没有影响它的智慧含量、文化含量的危险，影响它的深度和格调？

可是没有办法，影响、威胁这种高精尖的东西，不仅有中国的，也有外国的。比如说大片，要的就是先声夺人，先把你刺激够再说。你先爱看，看完之后就忘，他认为这最成功。为什么？你看完记住干什么，多累得慌，而且治失眠。

这种全球化的进程，从另一方面来说，使得精英文化越来越边缘化。不论是中国，还是像法国、德国这样一些欧洲古老的国家，我们与他们交谈当中，常常对美国的文化抱一种不屑的态度。记得有一年我在慕尼黑的歌德学院（歌德学院实际上是文化中心的意思），一位领导请我吃饭，谈起慕尼黑街上出现了麦当劳快餐店，他气得简直是浑身发抖。他说饮食是一种文化，而美国的快餐基本上就是饲养性的，是反文化的。后来我去美国，将此事传达给纽约图书馆的一个人，他也很自信，说德国的这位老师就让他骂吧，他每骂一次，我们在慕尼黑快餐店的顾客就会增加一成，我们的顾客会不断地增加，它的影响会越来越大。

这种全球化带来的对文化的冲击和挑战，是一个新的时代命题，你喜欢也好，不喜欢也好，它都会来。科学技术的迅猛发展，全球性的文化交流，也使很多传统的道德和精神生活遇到了新的挑战、新的问题。中国是一个非常重视道德的国家。我有时候看《春秋》《战国策》《东周列国志》，最感动我的是那时候人们的道德观念，重义轻生。荆轲刺秦王，找到逃到燕国的秦人樊於期说："我现在要刺秦王，秦王不信任我。"樊於期一听就明白了，说："你要提着我的头去见秦王，秦王就会接见你。"当时一剑把自己的脑袋割下来了。你们看，这就是古人为了完成他们认为正义的事业不惜牺牲一切的精神。

又比如说"春秋笔"的故事：晋国有一个人篡位，于是史官写"某年某月，谁谁弑其君"，王一听非常生气，就把他杀了。史官的弟弟来了，他还是写"谁谁弑其君"，又被杀了。然后又一个弟弟来了，还是写"某年某月，谁谁弑其君"。这种史官秉笔直书的精神，一看很惊人。你再看春秋战国的师旷，他搞音乐，为了献身事业，他用锥子把自己的两个眼珠子捅瞎了。这是为什么呢？因为在古代的时候，相当一段时期，道德观念是一种信仰，是形而上的，就是"义""忠"，这比一切都重要。

然而，科学和技术的发达把很多东西解构了（现在有两个词，一个叫解构，一个叫去魅，鬼魅的魅，把身上的神学色彩给去掉了）。所以19世纪末20世纪初，出现了所谓"上帝死了"的说法——就是原来对上帝的崇拜，对神的崇拜，一切行为都由神来要求，没有道理可讲，按照神的意志去办就行了，可是科学的发达，使你感觉到，在世界上找不出那样一个人格神来了，所以"上帝死了"。到了现代主义的时候，甚至出现了"人死了"。什么意思呢？就是人并不是宇宙的中心，并不是世界的中心。许多伟大的事情，你用科学技术一衡量，并不是那么伟大。譬如说月亮，月亮在多少个民族的精神生活中，是一种幻想，一个永远的可望而不可即的幻想。可是美国人在20世纪60年代上去了，发现月亮是一个死寂的星球，既没有吴刚，也没有嫦娥，没有兔儿爷，没有桂花树，人的这些幻想没有了。

还有爱情，多少诗歌、多少文人歌颂爱情。罗密欧与朱丽叶，普希金的诗，莱蒙托夫的诗，雪莱的诗……可是自从有了弗洛伊德，什么他都做实验（检验），美国就有一种说法："爱情属于精神病现象"。爱情中有幻视，幻听，"她是世界上最美丽的女人"，不见得，比她美丽的有的是，所以你这是属于精神病。如果用纯医学的观点来看，甚至于你用兽医配种的观点来看，那么这个爱情就死了，没有爱情了。所以人的精神生活在受到挑战，人的道德观念、美德观念、侠义、崇高、诗情，都在受到挑战。现在的人天天跟科学仪器打交道。有一次我在 301 医院讲，陶渊明可以写诗，"采菊东篱下，悠然见南山"，你觉得非常幽美；可是一个外科大夫就不能说"手术明灯下，悠然见病变"。所以大量的科学和技术、透视的技术，把人解构了。不管多么美丽的人，你给她做一个 CT 扫描，把扫描图拿出来，你不会觉得有太多的美感，不管她是王嫱、西施，还是貂蝉。

因为这些焦虑，全世界在蓬蓬勃勃展开一种反对全球化、反对科学化、反对技术主义、反对唯发展论的思潮，有的称之为"新左派思潮"。是不是仅限于"新左派"？不见得。譬如说法兰克福学派，一些这几年西方非常有名的哲学家，像福柯、詹明信、马尔库塞，他们就揭露，这种全球化、技术的发展、文化产业发展的背后，都有一种资本的统治，都有一种超

级大国的统治，它会给人类带来灾难。我们看到智利的反全球
化大游行，意大利开八国首脑会议的时候也游行，还死了人。
我们中国也有这种思潮，但是还搞不到西方国家那样。有些知
识分子（这也是一件很有趣的事情），特别是一些留美、留学
西欧的知识分子，他们学到了一些对美国和西欧进行严厉批判
的思想武器。可是用中文批判起来，你觉得它和中国社会离得
还比较远，比如说批判科学主义。中国批判什么科学主义，中
国农村的迷信比科学多多了。

另外，经济技术发展引起的全球化也带来了所谓的文化冲
突。尽管对这个文化冲突，亨廷顿提出来的观念，中国很多人
不赞成，但是文化冲突是存在的，你不能不承认。比较起来，
我们中国因为有儒教的传统，有比较入世的传统，相对来说能
够接受全球化当中追求进步、追求富裕、追求高的生活质量的
内容，可是有些国家和民族的文化接受起来是有困难的，用强
迫的方法是不行的。

中国的传统文化

所谓传统文化就是中华民族几千年来基本上发展传承下
来、基本上没有脆性断裂过的基本价值取向，基本生活方式，
基本思维方式，基本社会组织方式，基本审美特色。从学理
上——主要是伦理与政治学上看，是儒家与儒道互补，是四

书。从思维上哲学上看，是汉语与汉字文化，是易经，是概念崇拜与直观判断。从地域与经济上看，是黄河文化为主并补充于楚文化，是农业文化。从社会组织方式上看是封建专政与民本思想的平衡补充。从民间文化上看是阴阳八卦，是宗法血缘，是中餐、中医、中药与多神混合崇拜，是戏曲里大肆宣扬的忠孝节义。

中国传统文化经受了极大的考验，目前出现了一种再生，这可以说是一种奇迹。鸦片战争以后，中国由于丧权辱国，处境不好，一些先知先觉的爱国者对中国文化采取了最严厉的批判态度。我们先看看鲁迅。鲁迅说什么呢？他给青年人的意见就是不要读中国书，你什么书都可以读，不要读中国书，他说外国书读了以后让你自强，让你去奋斗，让你去斗争，读了中国的书你的心会静下来，你会不求上进，你只会忍耐，只会逆来顺受。这是大概的意思，不是原文。这是鲁迅。鲁迅是左翼，右翼也是一样。吴稚晖提出"把线装书扔到茅厕里去"。吴稚晖是老国民党啊，但这句话是他提的。当时还有一些年轻人，也提过很激烈的口号，特别是对汉字、对中国文化的痛恨。

对汉字的痛恨，是认为汉字太难学了。中国为什么专制？就是因为汉字难学，老百姓学不到，只有很少数的精英才懂，才认字，这些人可以尽情地压迫老百姓。我年轻的时候就相信这个观点。我们知道有一位非常著名的大学者、语言学家吕叔湘教授，他认为中国实行了拼音文字就能够实行民主。毛主席也是非常讨厌崇洋媚外的，但是他在文字改革上一点都不保守，他有一句名言就是"汉字的出路在于拉丁化"。五四时期，钱玄同这些人走得更远，他们不但要求废除汉字，还要求废除汉语、废除中文，他们要求中国人全部从小学英文。到农村两个老农过来了，一个："How are you?"一个是："Come on。"

一个古老的民族而且是一个大国，对自己的文化持这样的态度，这在历史上是少见的，我们要充分肯定他们的进步意义。如果五四时期没有这些先知先觉，没有这些人，发出这种振聋发聩、醍醐灌顶、春雷震响般的语言，没有这样的激情，哪有我们中国的后来？说不定现在我们还停留在"子曰""诗云"的阶段，因为中国这个古老的文化力量太大了。但是我们要看到，这是五四时期。新中国成立以后还有很多类似的东西，比如1966年"破四旧"的时候，那个"破四旧"就更没有边了。

但是我们看一看，经过了这样的大难，现在是什么情况呢？现在越来越多的人认识到，中国文化很有价值，它消灭不了。中国文化尽管有落后、僵化、腐朽的一面，但更有它灵活的、开放的，能够吸纳、适应、自我调节、获取新的生命力的一面。很多我们误以为是正确的东西，现在证明并非如此。譬如说汉字，汉字稍微难学一点，但并不是特别难，它有它的规律。拼音文字就那二十几个，最多三十几个字母，每一个字母代表一个声音，这个声音没有任何意义。而汉字的形状就包含了声音，包含了形象，包含了逻辑关系，包含了一种美的画面。尤其是汉字输入电脑的方法解决以后，要求消灭汉字的声音几乎响不起来了。我们这里有一些资料，讲到现在的中华文化又重新活起来了，又重新热起来了，我们中国文化显示了自己的再生能力，显示自己完全能够与时俱进，完全能够跟得上现代化、全球化的步伐，同时又保持我们自己文化的性格、特色、身份、魅力，表达了我们对中国文化的信心和自豪。

汉字的问题我还要讲一点：汉字本身代表了一种思维的方法，它与西方的实际是以欧洲为中心、以欧美为代表的文化之间，有相当多的区别。这是一个非常复杂的问题。我稍微讲一点。我有一篇短篇小说叫做《夜的眼》，1979 年发表在《光明日报》上，后来翻译成多国文字，俄文、法文、英文、德文都发表了。在翻译这些文字的时候，这些译者给我打越洋电话，差不多都问一个问题："你的这个夜的'眼'，是单数还是复数？eye 还是 eyes？"我糊涂了！因为这个"眼"在小说里有三个意思，一个是把夜拟人化，这个眼根本不存在单数、复数的问题，因为它没有形状也没有数量；第二是主人公，那个主人公叫陈呆，他的眼，这个陈呆我没有交代他是独眼龙，或者在战争中英勇牺牲，当然是"eyes"，不是独眼；第三呢，我里面描写到，在夜间的工地上有一个昏黄的电灯泡，那是

"single"。所以夜的眼不能够分成"eye"或者"eyes"。但是我说的这一套他不明白，他说的那一套我也不明白。他认为眼本身必须说清楚，是一只眼，还是两只眼。我认为汉字"眼"比一只眼、两只眼更本质，我们的汉字有一种本质主义。

还举一个例子：比如说"牛"，这是本质，然后牛奶、牛油、小牛、乳牛、公牛、母牛、水牛、黄牛，等等，我们拿牛当本质。但是英语它没有这么一个统一的字，牛用 cattle，cattle 就是大牲畜的意思，也有牛的意思。母牛 cow，牛油 butter，小牛 vealer，牛肉 beef，它们之间是互不隶属的。

可是，我们中国人非常注意这个本质，甚至一、二、三在中文里都看得特别重。中国非常重视一，认为世界上的所有事物应该有一个集中的、不可变易也不可重复的本源，所以老子说："昔之得一者：天得一以清，地得一以宁，神得一以灵，谷得一以盈，侯王得一以为天下正。"我不知道英语怎么翻译这个一，如果翻译成"one"就麻烦了，对中国来说，这不是一个数量的概念，而是物的最后的本质，说一句不恰当的话，这里的"一"指的就是上帝，中国人的上帝。这些太复杂了，我的能力也说不清楚。

所以，汉字废除了就麻烦了，如果汉字废除了，我们都讲英语了，不讲中文了，那真是灾难啊！对中国文化面临的考验，感觉到了而没有信心的，王国维就自杀了。陈寅恪对王国维这样分析：他为什么自杀，因为中国文化是他赖以生存的根本，你推翻了满清没有关系，但是看到中国文化处境不妙，要完蛋，他自杀了。我们能活到今天，看到中国文化另一个昌明、发达的可能，确实是非常幸运的。

中国的传统文化，各种文物，各种经典，我们都不一一说了。传统文化还包括我们的饮食、生活、医药，很多是直观的，是感觉的，是混合的和深加工的。譬如说中医，中医里的很多东西是一种直观的，比如说，红糖是热性的，白糖是凉的，冰糖是更凉的，更去火。我觉得这是一种直观，是没有实证根据的。但是我很喜欢这种直观，当我发烧的时候，也不想在水里搁很多红糖，宁愿在菊花里面加冰糖。这和外国的方法，一个讲严格的形式逻辑，一个讲实证（就是做实验，做多少次试验，每次的结果要详细地记录下来），确实是不太一样。

中国的宗教信仰，在全世界也是非常独特的，这么大的一个国家，并没有一个统一的宗教信仰。到马来西亚，华人就说："我们是信仰佛教的。"但是佛教并不是中国的国教，像伊斯兰教在整个伊斯兰国家或者天主教在意大利那样。相反地，我们对待宗教问题往往采取一种非常灵活的态度，我们的思维和全世界哪儿的人都不一样。我们说："六合之外存而不论"。六合就是三维空间，三维空间的每一维是相对的两面，所以是六合。六合之外存而不论，就是属于终极性的东西我们不讨论，但是也不反对，叫做存而不论，它是一种以我为主的灵活的多神论。灶王爷你给我看灶，门神爷你替我看门，送子观音你替我解决生育问题，花娘娘替我出天花、出麻疹，财神爷帮助我赚钱，妈祖帮助我航行。鲁迅也说过："孔子敬神如神在"。智商太高了！"敬神如神在"，全世界没有一个虔诚的信徒能如此地说话，但是他又不宣传无神论，没有说宗教是骗局。他不反对敬神，"敬神如神在"，所以中国人的思维方式是很有意思的。

我在德国的时候，认识一个德国的汉学家，他的中文非常之好，在台湾学习过多年，又在中国内地待过多年。他娶了一个台湾背景的太太，后来太太跟他打离婚，他太太跟我说："王蒙，德国人学了中文，学了易经，学了老子，太可怕了，这就是魔鬼啊，他把德国式的冷酷无情和中国式的诡计多端结合起来了。"当然，我并不是说我们这个民族是诡计多端，但是我们的思维是非常灵活，这是事实。我们可以比较一下，过去亚洲那么多地方变成殖民地，而没有任何人能使中华民族屈服，因为我们中国有自己的文化，你想让中国屈服太困难了。反过来说，我们的文化能使我们渡过难关。

把我国建设成文化大国

我们应该把国家建设成文化大国，而实际上我们国家已经是一个文化大国，这个和科学发展观有关系。我们不能够只讲人均收入、国民收入，因为在可以预见的将来，我们还赶不上发达国家。但是即使赶不上，我们仍然生活在一个伟大的国家，仍然对人类有我们独特的贡献，因为我们有中华文化。我们的文化还要有新的发展。我们的文化是立国之本，是安身立命之本，是我们的骄傲，是我们的光荣。

现在中国特色社会主义在蓬勃发展，我们今天仍然很幸福地在这里讨论文化问题，讨论中国文化的根。我 2004 年 11 月份去过俄国，苏联建立七十多年，但是它的农业产量没有赶上沙皇时期的最好水平。俄罗斯呢，现在的人均收入，远远没有达到苏联时期的水平。所以中国的文化是有两下子的。这不光是我们的看法，撒切尔夫人，还有美国的布热津斯基都有这样的说法，认为中国的文化太厉害了，能"逢凶化吉、遇难成祥"。该坚持的时候，比谁都能坚持；该灵活的时候，怎么都灵活，怎么都能找到出路，找到自己前进的方向，这就是中国文化的生命力。

中国文化，我们不是关起门来搞，我多次讲过这一点。我在参加文化高峰论坛的时候，媒体上乱炒，说王蒙提出要开展"汉语保卫战"，我根本没说过那个话——汉语不是保卫战的问题，只要好好学习就可以了，你保卫战干什么啊？而且我认为学习汉语和学习英语并不矛盾，汉语学好了，也就是母语学好了，才能学其他的外语；外语学好了，也能反过来比较一下，认识你自己语言的美好和特色。

我常常举这个例子：中国外语最好的一个是辜鸿铭。他英语好到什么程度？有一次他在伦敦地铁，看《泰晤士报》的时候倒着看，还留着一个辫子，旁边的英国青年咯咯地笑了，说："带着猪尾巴的这个中国人，他字倒着看。"结果辜鸿铭回过头来，用标准的牛津音告诉他们："小伙子，你们的英文太简单啦，我要是正着看，对我的智力是一个侮辱。""我倒着看还算是一个游戏。"他的中文好不好？他用中文讲学妙语连珠。还有就是钱钟书，他的外语好不好？他七八种语言都是过关的，英语、德语、西班牙语、法语、意大利语、葡萄牙语等他都懂，但是他的中文呢，他的旧体诗写得何等美妙。林语堂，包括连续剧《京华烟云》和《苏东坡传》是用英语写的，但是他的中文呢？他写的中文小品都很好。所以如果我们的中文不好，就是中文不好，不是由于学习了英语。反过来说，你的英文不好，也不是由于你的中文太好了，而是你没有好好地学习英语。既然中文那么好，你好好地再学些英语，岂不学得更好？

所以我们是一个开放的态度，而且学来以后，这个东西就是我们自己的。我们中国在这方面特别有能力。1998 年，我到美国就谈到中国文化的吸纳能力、改造能力。我说，改革开放以后，可口可乐在中国一开始不成功，为什么呢？就是买一大瓶可口可乐送你一个杯子，这肯定不成功。现在慢慢成功了，喝可乐的人很多，但是中国人吸收了可口可乐以后，肯定会有所变化。有什么变化呢？我当时还不知道，后来才知道，中国人用可口可乐熬姜汤，作为解表的药品治疗感冒。而这个呢，美国人接受不了。美国医生对一个人的感冒，只要不到39度，他很少给你开药，他一般建议你喝点冰水，喝点可乐，少穿一点衣服。和中国人的习惯特别不一样，我们一感冒就赶紧得捂。他们认为，你感冒既然热，就少穿一点，被子盖薄一点，好好睡一觉。你洗澡吧，淋浴一下，我们岂敢？所以我们强调，中华文化绝对不是要关门。

我还讲过，就是芭蕾舞，中国吸收过来，因为身材秀气一点，和欧洲人三围悬殊、1米85以上相比，跳起来感觉也是不一样的。就是意大利歌剧，中国人唱起来，跟帕瓦罗蒂、多明戈绝对也不一样——中国人受戏曲的影响，也受自己身材等的影响，很可能在洪亮上不如人家，但是显得更多情、更甜美。

所以说，我们在文化上要有一种慎重，就是千万不要轻易否定什么东西。我们现在觉得非常可惜的，就是北京把城墙拆了。这几年非常迅速的建设当中，很多旧的、有保护价值的建筑被拆除了，这都是非常可惜的。所以，我们在文化上，要再珍重一点已有的东西。

再举个例子：我一直认为过去戏曲里面男扮女、女扮男，是一种不得已，因为旧社会男女授受不亲，一个戏班子里面，三男的俩女的，这是没法活的。新中国成立以后，也有领导说，这种落后的现象不必再搞下去了。可是我和法国的一个高级文化人谈话，他说，你们为什么不发展男人的旦角了？我说女性解放了，她们可以很方便地从事戏曲工作了。他说："不不不，这个角色的意思是不一样的，男人模仿女人用假嗓，有一种很特殊的感觉，这个不能够没有。"后来我觉得他讲得有点道理，有些东西你千万不要轻易否定。当我们看到男的旦角，用非常美好的声音唱京戏的时候，仍然感觉到一种很大的快乐和满足。当看到一个女花脸，大喝一声再来一段铜锤的表演，我们也觉得很好，所以这方面我不能细谈，我们在文化上的事情要稍微慎重一点。同时我们应该有信心，我们的文化已经随着国家的发展，对全世界有越来越大的影响了，虽然这些影响一开始是浅层次的，一个功夫，一个针灸，一个豆腐，已经是世界性的。美国有一个太极大师，成了电视连续剧《太极》的主角。还有外国人学唱京剧的，美国的一些大城市到处都有卖豆腐的，等等。

对中国的文化，我们应该是非常有信心的，非常开朗的，非常开放的，向全世界学习他们的优秀文化，同时也向他们传播我们的优秀文化。

【以下为现场互动环节】

问：还有一些具体问题，想请您"解构"一下。比如：怎么看幼儿读经？

王蒙：对现在有些幼儿、小学生，学习中国古典诗词，我

2010 年 5 月 15 日，王蒙在北京文庙参加由中华文化联谊会、中国艺术研究院、河南省安阳市政府及台湾"文化总会"联合主办的首届两岸汉字艺术节。

觉得太好了。说句不好听的话，我对古典诗词的知识，基本上是八岁以前学的，能背诵的大概都是八岁以前背的。古诗词又合辙又押韵，很容易背诵，所以趁着小的时候学，这是一个很好的主意。

问：中国的语言文字是中国文化的一个重要载体，但是有人认为新中国成立初期搞的汉字简化运动，对中国文化的传播起了比较大的负面作用，您对这个问题有什么看法？

王蒙：废除汉字是我坚决反对的，但是汉字简化，到现在为止，我认为还是可以的，它并没有造成很多的破坏。因为汉字的简化是由一批非常高级的专家来进行的，它们的简化都有相当的道理，有的用的是异体字，比如说树叶的"叶"，中国古代就有，线装书就有；有的是用民间早已通行的字，比如"灯"；有的是用日语里面的汉字，比如国家的"国"，不过日语的"国"，是方块加王，我们觉得方块加王不好，就加了一个点，变成了玉，成为国。这个对于儿童启蒙时候的学习有很大帮助，但是受教育到一定程度，比如说到了高中阶段，就应该认识所有的繁体字了。

问：您怎么看待学习唐诗宋词？为什么现在我们国家没有这样的大家？

王蒙：这个问题也是我感到困惑的问题。因为如果简单地说社会急剧变革，特别是在改革开放以前的政治运动是一个很明显的原因，但是这个问题全世界都存在。譬如说英国，古代我们知道莎士比亚、狄更斯，那么现在英国的莎士比亚是谁呢？近50年来，有谁能和莎士比亚、狄更斯相比呢？法国，我们知道巴尔扎克、司汤达，那么现在是谁呢？所以说，全世界都面临这么一个问题。

就是说，我们心目中那种古典级的大师好像找不到，不但文学上找不到，音乐、美术、绘画上也找不到。你说文艺复兴时期的大画家，达·芬奇、米开朗基罗，现在意大利有吗？荷兰有吗？音乐也是一样，你说现在哪一个活着的作曲家能和贝多芬相比？能和柴可夫斯基相比？等等。那么这究竟是怎么造成的？这也是我刚才所说的全球化时代人们的一种文化焦虑。有时候，我们搞写作的人，经常受到责备，最经常被责备的就是："你们当中没有一个鲁迅。"但是我觉得所有的伟大作家都是不可以重复的，你不可能有第二个鲁迅。不但没有第二个鲁迅，也没有第二个曹雪芹，也没有第二个杜甫，也没有第二个李白，也没有第二个莎士比亚。如果说我们写得不好，那是因为我们自己写得不好，我们现在也很难把理由推给领导，由于领导不好，我写得不好，那更说明你没有出息了。

问：听说您在政协会上有一个发言，批评电视里面帝王戏太多。

王蒙：我的孙子同意一件事就说："朕许了！"影响太大了，这也是需要我们思考的问题吧。

问：面对铺天盖地的商业炒作，您认为应该怎样提高全民族的文化素质？

王蒙：目前有的广为传播的文化产品，它的文化品位不高，文化含量不高，确有这样的问题。怎么样提高呢？我觉得在文艺工作的安排上，我们也要两手抓，既要抓普及，这种大众的、节庆的、搞笑的、雅俗共赏都能接受的，也还要抓一点小众的、高精尖的，所谓精品工程，不让市场牵着鼻子走。

全球化时代：如何防止"精神贫血"*

本报评论部：建设时代变迁中的"精神家园"，是这一段时期从上到下关注的话题，避免"精神贫血"也是共同的呼吁。在中国成为"物质大国"的同时，中国人最应该弘扬的精神品格是什么？最不应该抛弃或者说最欠缺的精神品格是什么？

王蒙：最应该弘扬、最不应该抛弃的我以为是中华文化的道义崇尚、精神崇尚。"精神贫血"问题很重要。在市场经济中最浅薄、最可耻、最丢人、最值得警惕的是，我们有的同胞变成见利忘义、见钱眼开、毫无诚信、假冒伪劣、坑蒙拐骗的无耻之徒。

本报评论部：当今世界大体上还是西方文化主导的世界，如何在外国文化不断"渗透"乃至"入侵"的情况下，保持

---

* 本文为作者接受人民日报记者的采访稿。原文刊登于 2012 年 2 月 9 日的《人民日报》。

中国文化的品格和尊严？

王蒙：中国文化的连续性、抗逆能力、自省能力与应变能力，是非常独特的。自古以来的世界大同与天下为公观念，正是现代中国接受社会主义思潮的文化根据。改革开放与中华文化的海纳百川、穷则思变传统是一致的。事实证明，一切有益的外来文化被中国人民接受后，都会迅速地本土化、中华化，成为中华文化的有机组成部分。马克思主义到了中国，与中华文化相结合，乃有毛泽东思想、邓小平理论、"三个代表"重要思想与科学发展观。芭蕾舞到了中国，不但有中国的原创剧目，而且即使引进的欧洲剧目也注入了中国元素和中国精神。

事实已经证明，19 世纪、20 世纪，世界与中国的乱局与风风雨雨并没有把中华文化摧毁，21 世纪中国的和平发展，更将为中华文化的新机遇与新贡献提供条件。正是中华人民共和国的成立与改革开放的成就，给了我们新的观念与机遇：世界与中国，尤其在文化问题上，早已不是鸦片战争与庚子事变时期的零和、对立的关系，而是共生、共赢，至少是有斗争也有和谐交流沟通的关系。

本报评论部：中国人对自己的文化，要么自傲，觉得"老子天下第一"，要么自卑，觉得一无是处。如何科学地拥有文化自觉和自信？

王蒙：表面上的大吹大擂其实是缺乏自信的表现。自信的文化必然是敢于也善于有所自省、有所反思、有所创造也有所发展转化的文化。任何民族文化都不是呆滞的单行线。所有的文化，既有民族性也有世界性。民族的才是世界的，失去了民族性也就失去了自己的身份与存在的意义。同样，真正成为世界的、能够汲取全人类的优秀成果为我所用的文化才是有活力的文化，是能够自立于世界民族之林的文化，而不是关上门称王称霸的猎奇作秀博物馆民俗村旅游文化。

本报评论部：党的十七届六中全会后，有网友发出"文化强国，我们靠什么，我们差什么"的深问和讨论，您认为我们靠什么，我们差什么？

王蒙：靠的是我们长久的历史传统与阔大的多民族文化成果的丰富性。缺少的是理性精神、科学主义与实证主义的根基与民主法治操作的明晰性、熟练性、严密性。例如体育上我们差的是田径、足球，强的是小球。科学技术缺的是自己的创造与专利。对这类问题的谈论应该更务实、更以平常心面对。

本报评论部：春节期间，国外的奢侈品店出现华人"疯狂抢购"的现象。中国人在国际上是否是"暴发户"形象？盲目追求奢侈和豪华反映了国人怎样的心态？

王蒙：暂时不必太激愤。中国人穷困得太久了。我记得80年代，一位外国朋友对中国人热衷于家用电器甚不以为然，那个时期毕竟很快就过去了。从历史上说，中华文化的核心绝对不是物质主义与享乐主义，中华文化对于暴富、炫富、斗富，从来是极端厌恶与轻蔑的。我们只消多多提醒一下，我相信不久的将来情态就会有明显的变化。

本报评论部：维也纳的金色大厅里，中国每年约有 10 个演出团体以每场 10 多万美元租用，文化"走出去"的愿望和投入很大，但一些中国团体的演出，"观众基本靠组织，门票基本靠赠送，当地媒体基本没有报道和评论"，文化的传播与影响很小。如何看待中国文化"走出去"中"花大钱办蠢事"的现象？

王蒙：这个现象很典型。这也是急于做出成绩的浅薄与浮躁在作怪。我们的一些艺术团体和媒体动辄以在金色大厅演出作招牌来忽悠，对这种幼稚、愚蠢、无知的出洋相行为起了推波助澜的作用。

本报评论部：文化品质正成为国家品质。但我们也注意到，在中国文化"走出去"时，也出现了一些"地摊文化""杂耍文化"。这会降低我们的文化品格吗？

王蒙：没那么悲观吧。世界上已经有越来越多的人注意着中国的道路，中国的风格，中国的生活方式、审美趣味与医药成果。例如法国前总统希拉克，美国的基辛格，都对中国有着越来越多的理解。把占世界人口 1/6—1/5 的贫穷的前现代的中国，变成自立于世界民族之林的富强、民主、文明的现代化国家，这本身是了不起的贡献。中国文化不要过于急着往外走。有效性是走出去的关键。有效，就是这种文化能够造福于接受这种文化的人民，能够提升人民的生活质量。

文化走向更大的开放和包容*

中国报道：*文化是人们长期创造形成的产物，是一个广泛的概念，不同的人对文化有着不同的理解和定义。您是如何理解和定义"文化"的？*

王蒙：我个人认为，文化是人类智慧与经验的结晶，是人类为了生存、发展和自身的提升，所从事的各种活动、各种行为的成果的积淀总和。

大的范围上说，文化是人类在社会历史发展过程中所创造的物质财富和精神财富的总和，它尤其是偏重精神方面的。具体点说，文化是指一个国家或民族或人群的历史、人文地理、传统习俗、生活方式、文学艺术、行为规范、思维范式、价值观念等。

中国报道：从《青春万岁》《组织部来了个年轻人》，到

---

* 本文为作者 2012 年 9 月接受《中国报道》杂志社的采访稿。

《老子的帮助》，再到《中国天机》，您的写作似乎发生了很大的变化，不知这可否看作是您经历和心理变化的反映？回归到一个普通人、作家，您的心理，尤其是近十年，有什么变化？

王蒙： 从我个人的写作来说，变化比较多。《青春万岁》是1953年写的，《组织部来了个年轻人》是1956年写的，《中国天机》今年出版，这跨度近60年的时间，反映的是我从青少年到老年的心理历程，是一个从理想化、激情化到相对理性化、经验化的过程，也反映了我们国家从革命、革命胜利，到新中国成立、摸索前进，再到现在的快速发展的过程。

最近这十年，我写了一批非小说的作品，包括个人回忆录，也包括老庄方面的研究，人们似乎很关注我这方面的写作。但是我要说明，我从来没有停止过小说的创作。2002年有《青狐》的写作和出版，此后中短篇方面有《秋之雾》《岑寂的花园》《悬疑的荒芜》《尴尬风流》等，马上还有《小胡子爱情变奏曲》要出版。今年夏天，我正在重新整理和校订我在差不多40年前写的、反映新疆生活的一部近60万字的小说。

我们无法把自己和社会、国家分隔开来，个人和国家总是紧密相连的。想想我们的国家有了多大变化吧，谁能不变呢？

中国报道： 十六大以来，我国社会主义文化建设稳步推进、全面发展，文化事业受到高度重视，文化建设的战略地位也越来越突出。但对于普通老百姓来说，这些宏观的词句可能

2013 年 12 月 10 日，王蒙出席中国海洋大学第十届诗歌
美文朗诵大赛并为获奖选手颁奖。图为与外交部原部长
李肇星一起朗诵《青春万岁》序诗。

2013 年 9 月 27 日至 10 月 27 日,《青春万岁——王蒙文学生涯六十年》展览在北京国家博物馆举办。图为王蒙作品。

还是有些陌生。就您的理解，政治生活中的"文化"一词，是如何在普通公民的生活中体现出来的？

王蒙：十六大以来，文化走向更大的发展和繁荣，文化惠民政策得到落实，有几个方面给我的印象很深。

一是国家在文化建设中的角色更加积极，对文化建设更加重视。文化建设被列入党和国家发展战略之中，被充分重视。在文化设施硬件建设、文物保护、文化体制改革等方面，国家都扮演着积极的角色。比如，文化设施建设，大剧院、鸟巢、国博引人入胜。我去过许多个省的博物馆，都建设得非常好，剧院等文化设施的建设也做得不错，这就让群众能方便地享受更高档的文化生活。

二是中国对于自己的民族文化传统更加重视。这几年国家对文化传统加以维护，针对民族节日设立了假期，对文化遗产加以保护；各地对自己的文化资源、文化名人，都前所未有地加以开发和提升；一批学者、知识分子，对传统文化有更多的研究与弘扬，从先秦诸子，一直到唐诗宋词明清小说，这方面的成果也比过去更明显。这些不仅给人们带来实惠，也更能提升精神食粮的品质与凝聚人心。

三是文化的载体和传播手段有更大的发展。报刊、书籍、网络以及数据化的文化资讯的生产和复制、传播，包括国家文化信息的共享，都和过去完全不一样了，更加大众化和平民化，面向更多的人开放。

四是人民群众对文化活动的参与，尤其是通过网络表达民意，都是前所未有地活跃。人民群众的文化观念也越来越开放。我在北京远郊区有个住处，我在那里见到电视、电脑的发展对农村的影响很大，文化的发展对人们的观念、行为都产生了很大的影响。

我们在这方面越来越与全球融为一体，文化走向更大的开放和包容。

中国报道：*文化是一个国家最重要的软实力，我们现在常说文化自觉和文化自信，十六大以来的这十年间，在推进文化大发展大繁荣的过程中，中国人的文化自觉和文化自信是否有一些变化？*

王蒙：文化自觉和文化自信，首先是对于文化建设的重视，是一种观念自觉与自信，包含着对于长期积淀下来的优秀民族传统的熟悉与热爱，也包含着对于传统的创造性弘扬发展，将传统引导到现代。

越是自觉自信，就越能胸有成竹、珍惜自身，同时越能改革开放，兼收并蓄。

19 世纪中叶至 20 世纪初，中国思想界对传统文化的批判和对西方文化的推崇；20 世纪七八十年代，中国思想界在改革开放前后又出现了文化的集体反思；现在中国人正以自己特有的表情面向世界。

我们对中国文化的热爱，或者说"文化爱国主义"，是非常珍贵的。1994 年我在纽约演讲的时候，有个美国人提问说，中国人与欧美人相比非常爱国，是什么原因。我半开玩笑地说，原因很简单，中国人喜欢吃中餐，喜欢读唐诗宋词，中餐使他们有中国腹，读唐诗宋词使他们有一颗中国心。

其实我个人不太喜欢"文化是软实力"这种说法。文化是人类精神生活的瑰宝，它最大的好处不在于它是不是有力量，而在于它能改善人的精神品质，改善人本身的品质。文化是用来滋养人们精神的，不应该和军事、经济之类的东西混在一起先说成是"power"层面的"国力"。文化首先是 quality（品质、品位、质量），其次是 style（风格、个性、特色），第三或更靠后才是 power（实力）。

中国报道：如果让您选择过去十年中文化领域的一些有意义的事情，您的答案是什么？

王蒙：我印象中影响大的事很多，但它们本身在文化上的创意和意义现在还不敢说。比如 2008 年北京奥运会开幕式和闭幕式，鸟巢、水立方、国家大剧院的建设，电影《集结号》《唐山大地震》，这些给我的印象都很深。

在政策方面，我认为发展公益性文化事业、公共文化机构免费开放、文化服务农村、文化体制改革等等都很有意义。例如公共文化机构免费开放，博物馆、纪念馆、美术馆、爱国主义教育基地等公共文化设施免费开放，人民群众不用花钱就能去参观，这就最大限度地发挥了社会效益。

中国报道： 十七届六中全会对深化文化体制改革、推动社会主义文化大发展大繁荣做出了全面部署，您认为在未来文化建设中，应该注意哪些问题？如何处理好文化产业和文化事业的关系？

王蒙： 文化上要有一个平衡，它是一个产业，但是它的价值不在于产业。精神层面的东西很难用产业来表达。在中国来说，还是那些最高端的文化成果，先秦诸子、唐诗宋词、《红楼梦》，等等，它们的意义比产业的意义重要一千倍。它们是不可替代的。

所谓文化产业、文化事业都是从国家或财政的角度来说的，而不是从文化本身来说的。从文化本身来说，不在产业，也不在事业，而在于它的成果，它在精神上对人产生的影响，这些都不是用产业、事业能说明的。

在文化建设中，要防止那种急功近利的文化山寨化、伪劣化。比如各地都在争老子故里、李白故里，甚至争到西门庆故里、潘金莲故里；有的地方拆掉了真正的文物，制造一些伪文物；还有一些人打着文化的旗号去圈地、贷款、抢滩，但实际上是以赚钱为目的，而不是以文化的积累和提升为目的；网络的发达，使阅读浏览化、快餐化，现在真正认真读书和思考的人越来越少了。这些都是需要注意的问题。

另外，还要注意，在文化的建设当中，国家是活跃的，媒体是活跃的，网民是活跃的，但是我们还缺少文化的高端人才和高端成果。我们不能不看到，文化的最高成果需要文化精英的天才、创意与艰难攀登，我们有《诗经》这样人民创造的文化精品，同时也需要孔子的整理编纂。我们谈中国的诗歌，没法离开屈原、李白、苏东坡……

现在我国文化领域专家的阵容与作用影响，并不能让人满意。这样，虽然数量日增，然而泥沙俱下，良莠不齐，我们缺少一个以专家为骨干的具有公信力的评估力量，只剩下了领导、市场、媒体在那里主导一切，领导不可能涵盖所有文化领域，市场和媒体则容易搞得浅薄浮躁。

中国报道：和您谈"文化"，就不能不说一说文学。您觉得中国当代文学艺术处于一个怎样的状态？

王蒙：文学的处境受到几方面的因素的影响：一是市场化的出版事业，使得文学领域缺少一个有公信的评估体系；二是受到媒体宣传的影响，有时候媒体为了市场而选择性地做"推手"；三是现在缺少权威的文学家、权威的评论家。这些因素可能会造成一些优秀的作家、优秀的作品没有被发现和认可。

现在文学作品的产量非常高，市场也很繁荣。我年纪大了，没有精力去读那么多的作品，但我相信有优秀的作品待于被发现，优秀的作家有足够的能力来实现自己文学的追求和使命。

现代化与民族文化建设 *

我对新疆的文化事业充满期待

只要在新疆生活过的人，参加有关展览、展演新疆传统文化和当代文化果实的活动时，都会被深深触动。

去年在美术馆举行的反映新疆生活的哈孜先生画展，有那么多动人心魄的画面，那么多难以磨灭的记忆，那么多文化的内涵，我看过以后深受感动。北京国家大剧院曾上演过木卡姆交响乐，以西洋乐器为主演奏木卡姆改编的交响乐作品，这是赛福鼎同志多次跟我讲过的愿望。最近一次新疆维吾尔自治区木卡姆团上演的《十二木卡姆的春天》让许多在京工作的新疆同志热泪盈眶，新疆文化的感染力真是了不得。

新疆的文化建设，需要高度专业化和学术化的处理。音乐

＊ 本文原载 2013 年 8 月 30 日的《光明日报》。

就是音乐、美术就是美术，乐器就是乐器、文物就是文物，历史就是历史、典籍就是典籍，都需要有很高的专业知识，才能把它研究清楚，说清楚。但同时，新疆的文化建设又是一个民间化、人民化的问题，文化已经成为一种习惯，起居、生活，柴米油盐酱醋茶、吃喝拉撒睡、衣食住行，无不浸透着中华文化传统、新疆文化特色。所以，文化工作一定要考虑到人民化和民间化的特点，能让老百姓接受。它是不是人心工程，能不能做到人心里头，能不能被人民选择、认可，这是非常重要的事情！

有时候，一种观点不一定很正确，但是它已经被老百姓接受了，想改变非常困难，但文化建设就是要知道老百姓的心能接受什么东西。

我在巴彦岱公社当农民、当副大队长的时候，当地老百姓看芭蕾舞的《红色娘子军》《白毛女》时说，跳舞是手的动作，芭蕾舞动不动把腿踢这么高，笑死人了，丑死了。当然，老百姓这个观点不对，跳芭蕾舞，手可以动，腿也可以动，腰也可以动，脖子也可以动，屁股也可以动。舞蹈是全身的姿势，用身体的语言、舞蹈的语言，可是想很快就让老百姓接受，做不到。

1969 年《参考消息》刊登了美国登月成功的消息，我告诉房东阿不都热合曼：美国人上了月亮。他说那是胡说八道，你千万不要信那个，是骗人的！书上写过，如果要上月亮，骑马要64年（还是128年我记不清楚了），要很长时间。我心想："骑马骑一万年也上不去啊。"房东跟我关系很好，什么事都跟我讨论，就是不接受我的说法。但是过了几天，村里头有一位在县里当过科长的阿卜杜日素尔也跟他说了这事，他后来才相信了，连续好几天，他都问："哎呀，老王，这是怎么回事？人真上了月亮，跟过去阿訇对我讲的不一样！"

任何认识，都会有一个很艰难的过程，甚至是痛苦的过程。所以，文化一定要能贴近人民、贴近实际、贴近生活，同时我们应该意识到，人民的、民间所尊崇的文化，是非常精英、非常高端的。

我们需要各族的文化大师。"大师"听起来挺唬人，其实英语就是"master"——师傅、硕士，维吾尔语就是"乌斯大"——能工巧匠。没有这样的人物，没有专门家，怎么可能发展文化？光一个"乌斯大"不够，我又想起一个词来，就是"阿里木"——真正有知识的大学者。文化要有"乌斯大"，要有"阿里木"，又有"夏衣尔"（诗人）那就好了。

为什么说中华文化是一体多元的

新疆维吾尔自治区张春贤书记曾问过我一个问题，中华文化最大的特点到底是什么？

有这么一个笑话，我国的代表团在国外交流，有一个外国人问道，你们老说中华文化博大精深，到底怎么样博大精深，能不能给我讲一讲。团里有一位教授，是专业级的学者，这位教授回答说："因为中华文化博大精深，没法讲！"这么一来，中华文化岂不是不可言述，不可传播，不可讲述了？

我们先弄清一个问题，中华文化的基本追求是什么，就是古代的"中国梦"是什么？

第一，敬天积善，古道热肠。

中国现存最古老的书《易经》认为，天和地具有一切的美德，人类的道德是从天地那里学来的。"天行健，君子以自强不息；地势坤，君子以厚德载物"。自强不息、厚德载物，这都是天和地所具有的品质，有了天和地才有了万物，所以对生命爱惜、对生命尊重，这是和对天敬畏有关系的；积善是说中华文化的特点是泛道德主义，就是不管衡量什么事，先从道德上开始。这个特点和现代文化有些距离，泛道德论并不足以让我们做好当今的、社会主义的、现代化的事业。但是它仍然在老百姓心中根深蒂固，如果一个人不重视自己的道德追求、道德形象，就很难成功。积善就是"萨瓦布"，需要警惕的是"古纳"（罪孽），应该积德、积善，不要罪孽，就是这个意思。古道热肠，重情尚义，重视人际关系，这是中国人的尺度。所以，按美国人亨廷顿的说法，中国文化是一种情感的文化，重视情感，重视人际关系。

第二，尊老宗贤，尚文执礼。

中国人对老人是尊敬的，尊老宗贤，就是把圣贤作为目标；尚文是指崇拜知识、崇拜读书、崇拜文化，执礼就是按照礼节来做各种事情。比如"尊老"，新疆少数民族尤其是维吾尔族同胞，在尊重老人这一点上比汉族只有过之而无不及。

新疆少数民族是很推崇文化的。在新疆时我在一户人家住了很多年，有一次和房东聊天，我详细讲了自己的经历：我原来生活在北京，很早就成为一个干部，我还写作，但是在后来的政治运动当中出了一些麻烦，来到了新疆，又来到伊犁农村，现在荣任副大队长。我的房东，一个少数民族农民，他是文盲，他跟我说："老王，我告诉你，任何一个国家有三种人是不可缺少的，第一个是国王，现在没有国王了，总而言之一个国家要有一个领导人；第二个是大臣；第三个就是诗人，一个没有诗人的国家，怎么能够成为一个国家呢？"

这种对文化的尊崇，这种对知识的尊崇，在新疆随时都能感觉到。我看过一位乌兹别克作家抄写的《纳瓦依》，从中可以读出对诗人的尊崇，对知识的敬意。"文革"期间，能读的书有限，我在自治区文联一位叫帕塔尔江的评论家的手抄本里，第一次知道了"奥玛·海亚姆（Omar Khayyam）"，读到了这位波斯诗人的作品，感受到那种对知识的热爱和尊崇：

> "我们是世界的希望和果实，
>
> 我们是智慧眼睛的黑眸子，
>
> 假如把世界看成一个指环，

无疑，

我们就是镶在指环上的那块宝石！"

在新疆，有知识、有文化的人，是被尊敬的！很多年前，哈孜同志给我题写书法，就是《可兰经》上的那句话：为了寻找知识，你可以不怕远到中国！

汉文化中，重视知识的例子就更多了，"万般皆下品，唯有读书高""书中自有黄金屋""书中自有颜如玉""书中自有千钟粟"，这些话，现在看不完全恰当，但它充分体现了读书的重要性。

第三，忠厚仁义，和谐太平。

不管是西域文化还是中原文化，"忠厚仁义、和谐太平"都是我们渴望的。依我个人看法，在中原文化中，最早代表古代中国梦的就是《礼记·礼运》讲的"大同"：大道之行也，天下为公，选贤与能，讲信修睦。故人不独亲其亲，不独子其子……小时候练习写字，红模子里面，最多的就是四个字："天下太平"。这四个字的笔画，横也有了，撇也有了，捺也有了，点也有了，而且记住我们世世代代是希望天下太平的。

维吾尔人就更是这样了，一见面就问："平安吗？"他们不停地重复的"帖期"，就是太平、平安的意思。如果都不平安了，人身得不到保证，生命得不到保证，家庭生活得不到保证，衣食住行得不到保证，相互关系得不到保证，还有什么其他呢？

第四，重农重商，乐生进取。

汉族和维吾尔族都很看重农业，一丝一缕、一粥一饭，当思来之不易。我在巴彦岱看到维吾尔族同胞怎样对待粮食，特别感动。他们告诉我，世界上最伟大的东西就是馕，馕高于一切。一个农民，哪怕一个很小的孩子，走在街上吃着吃着有一块馕掉下来了，要还能吃，就把它拿起来弄干净再吃下去，不能再吃了，怎么办？挖一个坑，把馕埋起来，馕是不能随便丢弃的。伊犁养奶牛很多，所以，农户之间经常互相要牛奶、借牛奶。在村子里经常看见很小的孩子拿一个碗，或者是奶皮子，走着走着路上绊了一下，啪，牛奶掉在地上了。怎么办？也要掩埋起来，把"奶皮子"放在旁边，把土盖在上面，不能让牛奶暴露在外面，因为是"不幸逝世"，需要掩埋！在中原，人们同样对浪费粮食非常反感，这叫暴殄天物。这点我们和美国人太不一样了，美国人如果一个东西不想吃了，就会毫不犹豫把它放下，他们认为，个人的感觉高于一切。

中原文化本来是抑商的，但是经过许多年发展变化，慢慢地对商业也重视起来了。比如晋商、徽商、鄂商的发展，他们讲童叟无欺，讲商业信誉，讲诚信第一，讲物资流通，并逐渐发展成为商业文化。

新疆的一些少数民族，尤其是维吾尔人有重商的传统，他们很喜欢经商。我的房东是很古板的人，但是如果有机会的话，他也不排除弄一点莫合烟倒手卖一卖，弄点沙枣卖一卖。

还是"文革"期间，商品受到很大限制，从乌鲁木齐坐长途汽车到伊犁，到皮革厂下车，一下车就看到有人点着电石灯，卖葵花子，卖沙枣，还有卖刘晓庆照片的，这在北京是买不到的。刘晓庆可是没有到过新疆，没有到过巴彦岱，也没到过伊犁。后来，凡是女明星的照片，只要能找得着的伊犁都卖，这是一个重视商业的地方。哈萨克人有个善意的笑话：维吾尔人好做买卖，他们一天没有生意，就把左边口袋里的东西卖给右边的口袋。多么可爱的商人！自己卖给自己，什么麻烦都没有，要多少价给多少价！

乐生进取，就是对人生是抱乐观态度，不是抱悲观、愤怒态度，不是抱你死我活的态度。中原文化讲的就是这样，孔子的教导是"仁者乐山"。仁者爱人，爱别人的仁，见到山以后，他会感到非常地喜爱、喜悦。仁者像山一样，是有原则的，是撼动不了的。孔子夸赞自己最喜欢的弟子颜回："贤哉，回也！一箪食，一瓢饮……"每次能吃的东西就一点，拿一个瓢子舀一点水喝就行，居住在陋巷。"人不堪其忧，回也不改其乐"。别人觉得贫穷，可是颜回因为有高尚的内心，所以是快乐的，是充满信心的，是乐观的！

维吾尔民族更提倡乐观，我印象最深的就是他们认为人出生以后，除了死亡，全是找乐，全是快乐！维吾尔人，如果有两个馕，他只吃一个，什么原因？留下的那个馕当手鼓用，"巴拉巴拉"敲，多么乐观的民族！多么乐观的文化！这些地方，我们有共同的追求、共同的语言！

外来文化吸收进来后必然会和
本民族文化结合起来

维吾尔文化、新疆各少数民族的文化与以汉族为主体的中原文化之间有太多交流和相互影响、相互融合。

唐朝曾有一个词牌叫做《苏幕遮》，它的节拍、音韵是唐明皇首先制定并首先唱起来的。范仲淹、周邦彦都以此写过特别有名的词，那么这个词牌是哪儿来的？阿克苏来的。阿克苏某地至今保留着一种风俗"乞寒节"，这是冬天第一场雪前后的"节日"，希望今年冬天好好冷一下，冬天不冷的话，第二年会发生很多的疾病、很多的不幸。在乞寒活动中人们唱的歌就叫做《苏幕遮》。

唢呐，我们现在还叫"sunay"，它是外来的乐器，不是中原本地的。笛子，"笛"本身发音就是指的西边少数民族，"东夷西狄"，这是中原的说法，称作"狄"，所以叫做"笛子"。如果没有"笛"的发音，笛子就是"nay"。再说近代、现代的歌曲，有一首大家印象深刻的歌曲《敬祝毛主席万寿无疆》，就带有浓厚的新疆风味。

芫荽，是一个怪词，这两个字没有别的讲究，是专门造的字。一个"草"字头一个"元"字，一个"草"字头一个

"妥"字，这两个字必须连在一块用。"芫荽"是阿拉伯语，是从西域来的。我们抽的烟叫"淡巴菰"，就是 tobaco，同样是阿拉伯语发音。

生活在新疆的汉族人，从维语里边创造了许多"二转子词"，又像维文又像汉文。我刚到伊犁时，听到"大家麻家"开个会。什么叫"大家麻家"？我见人就请教，他们告诉我维语有加词尾的说法。谁肚子痛了，就说我肚子"塔希郎"了。同样，伊犁的维吾尔语里面，也掺杂了大量他们说是汉语但听来听去不明白的词儿，夫妻离婚是"另干"了，我想来想去，离婚，你干你的，我干我的了，就是"另干"了。

和田集市上卖薄薄的桦木片，是引火用的，薄薄桦木片一点，就着起来了。这个叫什么？"qu deng zi"，后来才明白是"取灯子"。我小的时候，在北京管火柴叫做"取灯"，所以70年前，北京话也很接近和田话，北京人从伊斯兰文化里吸收过大量的语言。比如，北京过去说一个人的心不好、老是坏心眼，叫什么呢？叫"泥胎"不好！去年在银川举行书博会，银川的朋友跟我讲，他们那儿有一个清真寺重新翻修，是由穆斯林捐款修起来的，他们不叫"捐款"，叫"nie tai"，就是"动机""用心"，这个词来自阿拉伯语"尼亚提"。

维吾尔族的语言受中原文化汉语的影响就更多了，"檩"是檩条，还有"椽子"；"大煤"，是大块的煤，"碎煤"是小煤；"芫荽"是中原受西域的影响，西域的白菜就是汉语的

"白菜";"洋芋"的叫法更奇怪，洋芋是从欧洲传到西域的，但是新疆用的不是欧洲的语言，不是罗马的语言，用的是汉族的语言"洋芋"！

还有我们最喜欢的凉面，拉面，它的发音也有点奇怪，我在新疆的时候，很多阿拉木图、塔什干出的小说，包括用斯拉夫字母的维文小说、塔什干的维吾尔语小说，"凉面"，它的发音是"来个面"。有一次我跟一位维吾尔老友聊起饭，我跟他说，"拉面"是从汉语中来的，"煮娃娃""蛐蛐来"都是从汉语来的，而"抓饭"是波斯语，老友问道，照你这么说，我们维吾尔还有饭没饭？不是汉族饭，就是波斯饭，我们维吾尔族就没饭了？

不是！

一种文化吸收进来以后，必然会和本民族、本地区文化结合起来，吸收的过程就是消化的过程，就是本土化过程，它已经和以前的文化不一样了，已经属于你了。新疆人做"拉面"的方法和兰州拉面并不一样，兰州又和北京的旗人做的不一样。同样，喀什和伊犁也不一样，伊犁做面都是小小的，一根一根平摆的，喀什跟做盘香一样，盘一个大盘，一圈一圈，螺旋形的，非常大、非常长，像艺术品！

做菜方法也相互交融，我到塔什干去过，没少吃拉面；到乌兹别克斯坦，维吾尔语最吃得开了。我有一个乌兹别克朋友，他喜欢吃一种叫"阿勒噶"的甜食，就是用蜂蜜、白糖、面、清油和在一块做的一种点心，形状有点像山东同和居饭馆的"三不沾"，这据说是乌兹别克的，我以为是北疆食品，最近才发现，南疆也有！

我们探讨文化来源，不存在归属问题，来源是别处就不属于你的吗？不对。

文化不像物质的东西，你从内地买来一万双鞋，卖掉一双就剩9999双，文化是什么？文化是学习了你做鞋的方法，然后与脚的大小、人们的爱好相结合，做出来的鞋就是你的了。

文化这种互相的影响非常大。

维吾尔语言的一大特点，就是勇于接受各地区、各民族的语言，维吾尔语有汉语借词，有波斯语借词，有俄语借词，有阿拉伯语借词，那有什么关系，接受就接受了，为我所用，我们还是中国人！

我最喜欢的一个维吾尔语词是"daolilixixi"——"讲道理"。"道理"本来在汉语是一个名词，前边加"讲"，就叫"讲道理"。到维语就省事了，"daolilixi"加上一个动词词尾，"daolilixixi"就是"讲道理"。

所以，互相影响，互相交流是各个方面的，这就是文化的整体性与多元性。

我们必须看到，从1949年以来，中国的政治形势、经济形势有了巨大的变化，中央政府是一个有效管理着、掌控着除台湾以外中国的各个地区、各个省市的政府。新中国成立以来，我们有共同的经历、共同的困难、共同的失误、共同的命运、共同的痛苦、共同的希望、共同的快乐。60 多年了，除少部分地区外，中国实现了统一，这期间，我们有许多共同的文化烙印、共同的文化趋向、共同的文化记忆。

"多元"并不等于会发生冲突，不同民族文化在同一个文化的整体下，可以同时保持多元，互相欣赏。恰恰因为多元，新疆文化的资源，才这样丰富、这样可爱！

我国社会主义初级阶段的文化刍议

——一个笔记式的提纲*

一

社会主义初级阶段的命题，具有重要的理论与实践意义。它将推动我们对历史唯物主义、政治经济学、社会发展史、中国近代和现代史的研究与国情研究。它将推动对中国社会的各个方面的分类研究，推动对改革和建设的研究，推动对党的各项方针政策的研究。

二

这样的研究将不是简单的演绎和延伸。并不是说将"初级阶段"作为普遍适用的框框往政治、经济、文化以至工农

---

　　* 本文原载 1989 年第 1 期的《求是》杂志。

兵学商各业一套，就可以得出新的科学的结论。郑重的科学不承认这种普遍适用的、万能的命题。但初级阶段命题的提出确使我们得到理论的启示、方法论的启示、范畴的启示。这一切只是开始。分类研究只能建筑在对各类对象的现状与历史的调查研究上。

<h2 style="text-align:center">三</h2>

社会主义初级阶段的文化，这样一个概念、一个范畴的提出，只能是小心翼翼的，探索性的。不能简单地、想当然地认为，既然是初级阶段就必然是初级阶段的文化。为了使这样一个范畴成为科学的而不是随意的、严密的而不是粗疏的，必须探讨：

1. 文化与社会发展阶段之间的关系，社会发展阶段对文化的规定性与非规定性，此种规定性的意义与限制。即，文化有被社会发展阶段必然地规定着的一面；又有相对独立于社会发展阶段，比起政治、经济等更有普遍性、长期性乃至永恒性以及继承性与延续性的一面。如语言、风俗习惯等文化现象，就不甚受社会发展阶段的决定。海峡两岸社会制度不同，社会发展阶段不同，但两岸演唱的京戏、民族音乐（台湾称为国剧、国乐）却基本相同，即是一例。

2. 这一范畴与其他范畴的关系。即，我们承认"社会主义初级阶段的文化"这一范畴，并同时承认"中华民族文化"
"东方文化""现代文化""人类文化""通俗文化""宫廷文
化"等范畴。社会主义初级阶段的文化，对于制定文化政策
来说，可能是首要的范畴，但不是唯一的范畴，不是排他的范
畴。文化的社会属性是重要的属性，但不是唯一属性。它还具
有民族的、地域的、时代的以及超乎民族地域与时代的普遍属
性。当然，这些范畴又是互相影响的。

3. 这一范畴的内涵与外延。特别是这一范畴的确认与探
讨对总的命题——我国现在处于社会主义初级阶段——的意
义，对更好地贯彻实事求是的思想路线的意义。

四

社会主义初级阶段文化的主要矛盾是什么？我们需要克服
的主要对象（或主要障碍、主要敌人）是什么？其回答将决
定我们的文化工作的方向。

有人回答是封建主义。有人回答是资本主义。有人回答二
者都需克服，并进一步明确提出：是封建主义的残余与资本主
义的腐朽思想。

随之而来的还有一个"左"的与右的错误思想的问题。
似乎是约定俗成（并无科学依据），我国现时"左"常常与封
建主义并联，而右常常与资本主义共生。因此人们并无大的分

歧地谈反封建、反资本主义腐朽思想时，往往另有所指，乃至各执一词。

这些提法都有道理，都可能在某些时候某些问题上表现为需要解决的主要问题。但从总体、从长久来说，都不一定是主要矛盾。如果承认这些是主要矛盾，我们的文化工作的主题就必然是开展一场（或两场同时、两场交替开展）无尽无休的斗争。

五

我们面临的主要矛盾是文明与愚昧的矛盾。我们需要克服的主要对象是愚昧与野蛮。封建主义与资本主义都在利用我们的愚昧。各种愚昧现象正在毁损建设与改革的成果，毁损革命与社会主义的成果。百分之二十以上的文盲与半文盲，普遍存在的愚昧，是实现社会主义现代化的重要障碍。不提高我国人民的文化素质，离开了消除愚昧，封建主义的残余与资本主义的腐朽思想就不可能克服。用愚昧的态度去反封建、反资本主义，往往只能是用一种愚昧代替另一种愚昧。

从这一点出发，决定了我国社会主义初级阶段文化的启蒙性与建设性，决定了我国文化建设的长期性。

启蒙性，还要做大量的启蒙工作。如扫除文盲，普及科学文化知识，民主与法制的启蒙教育，社会公德教育，公民权利义务教育，"四有"教育，文明礼貌教育。

建设性，需要长期从事大量的基础建设，需要循序渐进，需要点滴积累，需要珍惜已有的成果，需要更多的责任感与建设意识、肯定意识，需要培养建设性而不是破坏性的文化性格。

这种建设性是稳定性的基础。

文化的积累性、渐进性更决定了在文化建设上要先立后破，重立轻破或立而不破，即在某些领域立新而不急于破旧。作为一种文化遗产，旧的东西并不需要全部毁掉，就像建设新建筑并不需要拆除许多旧建筑。

这就要超越长期以来形成的一种习惯心理：在文化上搞爆破、搞彻底砸烂、搞大批判，用骂倒一切的方法推出新文化新观念，以为靠骂倒一切的清谈可以救国，以为不同的文化形态就一定不共戴天。

当然不是收敛一切锋芒与回避一切斗争。

六

社会主义初级阶段的文化，带有相当的理想主义色彩。任何时候都不能抛弃、冷落理想主义。

社会主义者的最高理想是共产主义。

发达的社会主义，能够优越地解决发展社会生产力这一历史任务的社会主义，也还是有待实现的理想。

社会主义——共产主义的理想，来自对资本主义、对剥削制度与阶级社会的科学批判。这种理想的特点是它的革命性。

革命理想在夺取政权的斗争特别是武装斗争中，与当时的革命根据地、革命队伍中实行的战时共产主义分配制度与生活方式结合得很好。为理想而献身的精神、自我牺牲精神、忠诚崇高说一不二的精神、宁折不屈的硬骨头斗争精神，为正在腐败衰亡的旧中国带来强大的兴奋力和希望，带来了新中国。

革命的胜利使社会主义的理想开始成为现实。它充实了社会主义理想，又必然使一部分过分理想化因而近于空想的东西遭到挫折。社会主义的实现使社会主义的理想具有新的内容、新的特色，并接受着新的挑战。

最大的挑战是：新的东西并非一帆风顺，旧的东西并非摧枯拉朽。

工作重点的转移，有计划的商品经济的发展，在建设事业特别是经济活动中人们对效率、效益、物质利益的关心，价值规律的杠杆作用，所有这一切都为社会主义的理想充实着新的、更加务实的内容。

商品经济对文化事业、文化品质既有积极推动的作用，又有——如果掌握得不好的话——消极腐蚀的作用。我们必须回答一系列新挑战、新课题。

不能把和平建设时期、有计划的商品经济发展的时期必然出现的人民的务实心态视为党风、社会风气的堕落。不能脱离开社会生产力的发展侈谈社会风气。否则，有可能重走宁要社会主义的（有道德的）草，不要资本主义的（无道德的）苗的老模式。

不能听任所谓市场法则到处起作用，达到冲决理想、道德、法纪的地步。不能将文化单纯视为经济的特别是市场的附庸。不能认为生产力发展了社会的一切方面就自然会万事大吉。

从革命战争时期到和平建设——发展有计划的商品经济时期的文化心态的变化，研究它们的理想性与务实性的历史的具体的内容，并对有关问题，特别是人们激动地议论的党风、社会风气问题做出科学的分析说明，是社会科学工作者的一个重要课题。

七

在我国的社会主义初级阶段，不平衡是社会生活的重要特征。

文化上的不平衡更加突出。那是因为，和某种体制即组织形式、运转程序相比较，文化更有顽强的生命力，更能变化形式而延续下去，更难于通过短期的努力而发生大的变化，更深入人心甚至深入"集体无意识"，更富有民族、地域特点。

多方面的不平衡。特别是：城与乡之间，受过教育直至高等教育的人与没受过教育的人直至文盲之间，汉族与各少数民族之间，民族传统与外来文化之间的不平衡。

必须承认这种不平衡，并充分调动这种不平衡的积极因素：丰富性，多样性，选择的可能性，对照、对比、对话、交流、变异、融合并产生新的文化的可能性。

可以研究一下文化的多元性命题。

摒弃动辄在文化上搞整齐划一、搞行政命令、搞一刀切的想法和做法。

必须看到这种不平衡的危险性，公开的与潜在的冲突。在文化的名下、意识形态的名下进行的斗争会越来越多。例如有的以坚持马克思主义的名义，有的以发展马克思主义的名义，有的干脆以比马克思主义更高明、更新潮的名义。有的以保卫民族传统的名义，有的以面向世界以求现代化的名义，有的以继承革命传统的名义，有的以更新观念的名义。搞得不好，文化冲突会导致社会冲突直至分裂。

这种文化的对立、组合、同一往往采取微妙的方式。同一个旗号可以不同质。各式各样的旗号可以是同样的质、基本相同的思维模式。

坚持一个中心、两个基本点，有利于安定团结，有利于发展文化事业、提高人民文化素质，有利于承认文化不平衡的现实并因势利导使之向好的方面、进步的方面，有利于建设两个文明的方面发展。

在社会主义初级阶段，反对和克服极端观念和偏激情绪是长期必要的任务。急于用自己一厢情愿的救国良方否定与自己不同的一切意见，不论"良方"何等的各不相同，其简单化、排他性、专横性与对客观事物认识上的两极化却如出一辙。例如，认为把传统文化砸烂然后才能分辨其中的精华与糟粕，而真正的精华是砸不烂的。这种主张其实完全是"文化大革命"中破字当头的论点。历史的悲剧恰恰是，在这种吹吹打打的大爆破中，被伤害的恰恰是精华，留下来的恰恰是糟粕。恶语伤人、大言盗誉本身就是糟粕。

一篇有趣的论文的题目：文化不平衡的魅力与危机。

八

更大的不平衡有可能是物质文明建设与精神文明建设的不平衡。

当然，两个文明的建设是统一的，互相促进、互相依存的。

很普通的道理：社会生产力发展了才有力量进行更多更好的文化建设。而全民的文化素质提高了，才有可能长期稳定地发展社会生产力。

实际生活并不这样简单。如为了增加收入而令学龄儿童辍学去做童工，使新文盲出现。如文化工作者由于待遇偏低而一意捞钱，从而产生一个时期的文化工作与文化生活质量的降低等。对此既不能置若罔闻又不能大惊小怪。

需要防止物质文明建设中的某些短期行为，又需要防止把精神文明建设理想化、绝对化、清谈化并从而使二者对立起来。

长期以来，我们熟悉的是清贫条件下的精神价值。对此，不能简单地要求一成不变，更不能轻率否定。

还需要研究在争取国家的与个人的更富裕的物质条件下的精神文明的价值取向。

九

我国有独特的、引为骄傲的、至今没有中断过的古老文化传统。又在近代以来，处于东西方文化的冲撞之中。人们时而感到我国文化传统的伟大的与至今未绝的生命力，时而在世界先进文化面前感到我们固有传统之不足及其痼疾之深重。

不吸收世界先进文化就没有中国的振兴，就没有民主与科学，就没有马克思主义与社会主义，就没有现代化。

不珍视民族文化传统就没有在世界上的地位，没有起步的起点，没有信心也没有依据。

而且，更重要的是，不管民族文化虚无论者的动机如何，不管他们自以为先进和热烈，这种论者无法在中国站住脚跟，无法做出任何有益的贡献。

西方文化的皮毛接受与偏激鼓吹，在强大的固有文化传统面前碰得头破血流，是近现代以来我国常演的历史悲剧、文化悲剧。每一次悲剧都会使两种极端立场变得更加极端。即，使得坚持封闭者更加一意封闭，使鼓吹民族文化虚无主义者更加悲观虚无，直至否定中华民族存在的权利。

十

只有一条路，把世界先进文化与中国的具体实际结合起来，把世界先进文化与中国固有文化传统中富有生命力的部分结合起来。于是有了马克思主义与中国革命具体实践相结合的毛泽东思想，于是有了"有中国特色的社会主义"。

结合当然包含着相互吸收相互丰富，也包含着互相改造与扬弃，甚至包含着某种危险——两方面的糟粕也不是没有互相结合、互相诱发的可能。例如，接受西方的先进的科学、技术、管理经验、效率效益可能比接受他们的享乐主义困难得多。反过来，一些人又时时会以开放使我们的道德文化传统解体为由，要求走上闭关锁国的老路。

十一

不论怎样懂得、珍视、爱惜甚至善于利用固有的民族传统文化，不开放、不发展、不再造，传统文化就无法生存下去，更无法获得新的发扬光大。

我国社会主义初级阶段的文化是愈益开放的文化。

开放有一个过程。开放需要选择。引进外来文化同样需要择优择易——即先引进易于被接受者，逐步扩大成果。开放需要耐心和一定的容忍，开放又需要清醒和警惕。

开放是生命力和信心的表现。具有强大的传统和独特的瑰宝的中华民族文化一定能在开放中获得新生，获得个性的保持，获得新的尊严与新的魅力，并对世界文化做出应有的贡献。

开放本身就是一种民主精神，民主胸怀。百花齐放、百家争鸣，允许乃至尊重不同的声音。

十二

社会主义初级阶段的文化是不那么完善和定型的文化，是正在变化、正在日益完善的文化。

探索性、歧义性是它的必然特点。会有许多争论，会有各种互相矛盾的说法和做法，会有许多曲折。

需要避免的是大起大落，刮大风。力争长期稳定地发展，允许不同角度、不同取向的探索。

十三

体制的改革与观念的改革，是"初级阶段"文化改革的两轮。

体制改革的中心是解放文化生产力，调动文化工作者的积极性、主动性、首创精神，调动社会各方面包括国家、集体、个人办文化关心文化的积极性。

观念的变革要深刻得多，复杂得多。种种简单化的说法，廉价的大吹大擂，于事无补。

观念变革的核心是树立与发展社会生产力、发展有计划的商品经济相一致的民主、开放、科学的新观念。这是一个建设过程、提高全民族的文化素质过程，而不仅仅是一个转变过程。不是解决了"一念之差"就什么都迎刃而解了。

观念变革的核心是民族精神的新解放，是用实事求是的科学态度对待、发展马克思主义的科学。是敢于与善于面对新情况、研究新问题、提出新观点。

十四

中国是一个古老而又年轻的大国。中国对于世界是重要的，中国对于二十一世纪尤其是重要的。

重要性不仅在于政治、外交、军事方面，也不仅在于经济方面。中国更多地关注自己的经济，这是很自然的。但不妨说世界更关注中国的文化，更关注中国所面临的种种问题与所做出的种种贡献的文化方面。中国的魅力很大程度上在于她的文化。

这是因为，与中国的目前的经济实力并不同步，中国是一个文化大国，是一个社会主义的东方文化大国。这是当今世界以欧洲为源头的文化潮流的最重要的参照系，至少是最重要的参照系之一。

在相互参照中，我们已经发现了自己的落后，我们正在努力改造自己的传统文化，我们正在保护自己的文化传统并从开放和引进中为我们的文化注入新的活力。世界文化、欧洲为源头的文化同样面临着自己的难题，同样亟须有所参照借鉴。无论如何，爱之深而又责之切，中国文化对于世界不是可有可无的，更不是一个累赘。可以预期，世界也将得益于中国文化。

要从世界的观点、二十一世纪的观点、全球的观点考虑中国文化的地位和前途，并安排好中国文化的发展、建设、改革、开放，从而塑造中国的应有的形象，发出中国的应有的声音，使我们对于我国文化事业的认识和思考达到一个新的阶段。

文化大国建设刍议 *

中国是一个疆域大国，人口大国，文明古国，是一个社会主义大国，即将成为经济大国，又是世界上少数几个掌握核武器、国防力量正在增强的大国之一，这些都是不争的事实。

中国早就宣布，不做超级大国，不谋取霸权，这是说话算数的。但有些外国人还有疑虑。

爱国主义正在高涨，中国人民强烈希望中国能够对世界、对全人类做出更大的贡献，这种热情和积极性需要引导。

以经济建设为中心，这是毫无疑问的。中国的经济正在起飞，中国的综合国力正在增长。但同时，人均国民收入赶上西方发达国家的任务还是长期的。只看经济，我国的某些人士特别是青年人会时而自豪、时而急躁乃至丧气，而且经济的一体

* 本文是作者 1997 年在全国政协八届五次会议上的发言。

化、全球化又会引发新的问题：怎么样保持中华民族的独立地位、独立性格与独立形象？怎么样更有效地挫败敌对势力对我进行西化、分化的图谋？怎么样在人均国民收入还没有赶上或尚大大低于西方发达国家的时候维护我们的民族自尊心、自信心，发扬国人的爱国主义积极性？怎么样能够从根本上解决一手硬一手软的问题？怎么样避免在我们这里出现西方发达国家的物质消费主义与精神空虚堕落的问题？等等。

因此，作为对这些问题的回答之一，作为一个战略目标，指出我们的目的是建设一个社会主义的文化大国，是适时的，也是完全可以做得到的。其实，我们已经是一个文化大国了。我们的魅力，我们的自豪，我们的对外宣传重点，都应该注意放在强调中国的文化大国建设上来。

一、语言文字是文化的基石，汉字是中华民族文化的根基，是中华民族凝聚与统一的重要因素。我们应该调整关于中文的出路在于汉字拉丁化的国策，明确保持汉语汉字（方块字）的方针。我们要花更大的力气更多的投入鼓励国人与外国人学习汉语汉字，要更加重视汉语汉字的规范化，抵制不健康的外来影响——这是一个关系到国家统一和长治久安的重大问题。

二、中国的文物典籍是中国之宝，是人类之宝，这些文物典籍的丢失与破坏是牵涉到我们的立国之本的大问题。我们要花十倍百倍的力量保护这些文物，整理弘扬典籍，整理弘扬传统的人文思想，特别是哲学思想、美学思想与艺术成果。关于传统文化的优劣长短的问题尽可以继续讨论，各种反思批判也尽可以进行，反思和批判的目的也是为了文化的发展壮大和获得新的活力，而决不是相反。同时，作为国家，我们必须也只能奉行大力弘扬中华文化的方针。

三、国内各民族与民间文化是浩瀚的海洋，我们的发掘、普及、内外交流与记录研究工作还远远不够，今后要大大加强这一工作。

四、以更大的规模和投入抓文化教育工作。文化建设包括文化设施建设，一定要考虑到文化大国建设这一战略目标。

五、建设文化大国目标的确立将使我们更好地改革开放。不吸收外来的营养，不充实、更新与发展壮大自己，就不能保护与坚持我们的文化的独立性。反过来说，不坚持和保护我们自身的特点，也就失去了汲取外来营养的依据。我们将更好地汲取人类的一切文化成果，吸收过来，为我所用，变成我们的文化的一个部分，正如我们吃的牛肉羊肉最后会变成我们自己的血肉一样。

六、文化与经济是互相促进的。坚持以经济建设为中心，这是基本的国策，这项国策的坚持已经创造了巨大的业绩。同时，文化大国目标的建立，将使我们的经济建设特别是高科技产业搞得更好。

七、加强文化战略研究，改变对外文化交流上的被动防守局面，花大力气促进中华文化在全世界的影响。

我的思路还嫌笼统，现在提出这个大问题来，志在抛砖引玉。

后　记

21 世纪以来，特别是党的十八大以来，多次受到传媒、高校、干部培训与公共文化机构的邀约，就文化传统与现状问题著文、发言，并积累下一批文字与记录。如今围绕文化自信的主题编辑成书，尝试将"文化自信"的命题与近百年的一批重要的文化思想论点和历史脉络打通。

我深感我们这里正在掀起一波又一波的文化热。我们的文化课题与文化理念，以前所未有的宏伟规模涌现在生活里。

许多基层干部与传播媒体已经动起来了，设立国学院国学班、出国学典籍、修古迹、筑故居、建纪念性建筑、提倡阅读、儿童诵经、淑女培训、心灵鸡汤、名言书写、诗词大汇、朗读泪点，达人奇葩、挑战不可能……文化古国正在出现新风尚新局面。

与此同时，广大干部、知识分子、专家、社会精英还需要有更深入、更提高、更认真的学习探讨、切磋琢磨、体贴领会，而不是浅尝辄止，更不是过场形式。

我不是这方面的专家，我只能提供一些学习心得、读书心得、讨论与思索的心得。我是一个爱学而且爱思的永远的学生。我深爱深敬孔子的"学而不思则罔，思而不学则殆"的警告，并别出心裁地解为学而不思最多是个"网虫"，思而不学就会"因作（zuō）而 die"（英语，死亡）。

我试图探讨文化自信的时代意义与实践启示，探讨中华文化的历史命运，琢磨珍视传统文化与追求有中国特色的社会主义现代化相结合，琢磨传统文化的取其精华去其糟粕，文化自信与道路自信、理论自信、制度自信的关系，领会继承弘扬与转化发展的关系，研习孔孟老庄文化与农民起义文化，五四新文化运动与中华传统文化，传统文化与革命文化、社会主义先进文化，文化的恒久性与时代性，精英性与大众性，还有中国文化本位与"一带一路"建设、人类命运共同体的关系等。

本书各文，尽量注明了写作整理年代，少数注明了发表状况。其中相当一批短文，是发表在报纸上的，但我自己的电脑数据库里只有原稿，没有反映发表时编辑所作的必要与我所欢迎接受的加工的发表稿，不宜贸然标明原发媒体的名称。深深感谢对我厚爱并鼓励我帮助我讲出学习思考心得的各方面的朋友们。

策　　划:辛广伟　于　青
责任编辑:刘敬文
封面设计:马淑玲
责任校对:吕　　飞

图书在版编目(CIP)数据

王蒙谈文化自信/王　蒙　著. —北京:人民出版社,2017.10
　(2022.4 重印)
ISBN 978 - 7 - 01 - 018340 - 4

Ⅰ.①王… Ⅱ.①王… Ⅲ.①中华文化-研究 Ⅳ.①K203

中国版本图书馆 CIP 数据核字(2017)第 238756 号

王蒙谈文化自信
WANGMENG TAN WENHUA ZIXIN

王　蒙　著

人民出版社 出版发行
(100706　北京市东城区隆福寺街 99 号)

北京新华印刷有限公司印刷　新华书店经销

2017 年 10 月第 1 版　2022 年 4 月北京第 2 次印刷
开本:710 毫米×1000 毫米 1/16　印张:17.5　插页:3
字数:164 千字

ISBN 978 - 7 - 01 - 018340 - 4　定价:50.00 元

邮购地址 100706　北京市东城区隆福寺街 99 号
人民东方图书销售中心　电话 (010)65250042　65289539